leykam: *seit 1585*

YASMINE M'BAREK

PROTEST

ÜBER WIRKSAMKEIT UND RISIKEN DES ZIVILEN UNGEHORSAMS

ESSAY

leykam: *Sachbuch*

INHALTSVERZEICHNIS

Die Young And Klarna Hard.

„Illusions are important.
What you foresee or what you remember can
be as important as what really happens.“

Javier Marías

EINLEITUNG

Protest ist ein großes „Fick Dich!". Er ist impulsiv, vulgär, rau, ehrlich. Und er hält die Demokratie in Bewegung. Über ein Jahrhundert, wenn nicht sogar über die letzten beiden Jahrhunderte hinweg, blieb Protest die einzige erfolgreiche demokratische Partizipation jener, deren Meinung keine Lobby hatte. Oder deren Meinung von der Gesellschaft lieber nicht gehört wurde, weil das Aufmerksammachen auf Probleme natürlich ihre Lösung in Aussicht stellt. Und die ist anstrengend.

Protest lässt sich leicht mit Anliegen konnotieren, die per se sehr idealistisch sind. Manche Menschen sind von ihm genervt. Andere empfinden eine Art von Erleichterung, dass jemand die Kraft oder Worte für etwas findet, das man selbst nur innerhalb von Instagram predigt. Protestierende eröffnen die Bühne für alle Anliegen, die im Politischen untergehen (können).

Protest wird oft von Menschen praktiziert, die Missstände innerhalb der Gesellschaft erfahren, selbst wenn diese demokratisch verursacht sind (das betrifft oft Themen wie zum Beispiel Pflege, Kitaplätze, Mindestlöhne). Vor allem wird er von Idealisten initiiert, die ihre Ideale in der Mitte der Gesellschaft platzieren oder immer wieder darauf aufmerksam machen, dass jeder[1] seinen politischen Unmut mit dem Mittel des Protests zum Ausdruck bringen kann. Jeder von uns hat eine Neigung zum Protest, sowohl im privaten als auch im politischen Leben. Und jeder fürchtet ihn, denn es wird immer einen Protest geben, der auch den eigenen Lebensstil infrage stellt. Immerhin machen mit Protest Einzelne oder ganze Gruppen darauf aufmerksam, dass wir uns ficken sollen. Dass sie sich in der Demokratie nicht gehört fühlen, keine Lobby haben oder Angst spüren. Oder sie wollen uns davor warnen, dass es um uns herum brennt, wir aber genüsslich entkoffeinierten Cortado trinken, um unser Stresslevel zu senken. Dieses *Wir* sind übrigens immer jene, die den Status quo nicht infrage stellen, weil sie mit sich selbst beschäftigt sind. Das kann verschiedenste Gründe haben – nicht nur

den Osterurlaub auf Norderney und zwei rote Zahlen im Familienunternehmen, es kann auch ein kaputter Kühlschrank und ein würdeloses Arbeitsamt sein. Ignoranz mag zwar genauso selbstlose Gründe haben, ganz ohne Cortado in der Kölner Südstadt, aber verschont bleibt vom Protest niemand, denn er ist bereits überall.

DIE ALLGEGENWART DES PROTESTS

In einer globalisierten, digitalisierten Welt kann man dem Protest nicht entkommen. Im Zentrum der Aktionen stehen schon lange nicht mehr nur reine Sichtbarkeitsabsichten. Kein selbstbeweihräucherndes Gutmenschendasein, das nur dem inneren Zen dient, am besten in Pastellfarben auf Instagram-Kacheln des „Fick Dich!“. Wer jetzt meint, es sei schlimmer denn je und dass die Demokratie nicht zur Ruhe kommen würde, der hatte vielleicht bis jetzt das Glück, nicht protestieren zu müssen. Oder in einer utopischen Gesellschaft zu leben, in der Menschen keinen Protest benötigen, um ihr Leben als vollwertig zu beschreiben. Protest hat sich als Form der außerparlamentarischen politischen Bewegungskraft bewährt. Er ist ein wichtiges demokratisches Mittel, um den gesellschaftlichen Diskurs weg vom Mainstream zu ziehen und die Mehrheitsgesellschaft neu zu denken. Protest ist präsenter denn je. Es ist zur Normalität geworden, dass er uns umgibt. Das sorgt bei den Protestierenden und innerhalb der Bewegungen dafür, dass sie in jegliche Richtung ausscheren – auch zum Leidwesen der Demokratie.

Michel Foucault hat Folgendes formuliert: „Es herrscht zweifellos in unserer Gesellschaft [...] eine stumme Angst vor jenen Ereignissen, vor jener Masse von gesagten Dingen, vor dem Auftauchen all jener Aussagen, vor allem, was es da Gewalttätiges, Plötzliches, Kämpferisches, Ordnungsloses und Gefährliches gibt, vor jenem großen unaufhörlichen und ordnungslosen Rauschen des Diskurses.“[2] Ausformuliert könnte man Foucault ziemlich wörtlich nehmen: Es droht der Dauerzustand des Protests, der Missbilligung des Status quo – und somit auch das Szenario, dass Protestierende die Diskursmacht an sich reißen, in verschiedensten

Institutionen, da sie immer mehrheitsfähiger werden. Protest ist aber nicht nur eine unvorhersehbare Drohwolke, sondern auch ein Segen für jene, die von der politischen Veränderung durch Protest profitieren. Nämlich jene, die zu Hause saßen, als ihre Mitmenschen für Kinder- oder Frauenrechte protestiert haben. Oder jene, die eben keine Stimme hatten und nicht protestieren konnten, denen das Lautsein anderer zugutekam.

In nahezu postkapitalistischen Zeiten betrifft das auch Linke: Es addieren sich Wutzustände oder Ängste, die Protest zu einer plötzlichen Drohung machen. Weil das Ausmaß von Protest nie gewiss ist und er Ist-Zustände dauernd mit großem Einfluss in Frage stellen kann. Für Menschen, die sich gerne im Status quo suhlen, ist das ein Albtraum. Auch weil viele Bewegungen auf akut drohende Missstände aufmerksam machen, die oft innerhalb von systemrelevanten Strukturen stattfinden oder diese Strukturen betreffen. Beispielsweise das landesweite Chaos, das entsteht, wenn Mitarbeiter der Deutschen Bahn für einen Tag streiken, damit aber für die ganze Woche jegliche Planungssicherheit zerschießen. Aber nicht jeder Protest hat das gleiche Gewicht, er ist geprägt von Privilegien und Klassenfragen.

UNTERSCHIEDLICHE GEWICHTUNGEN

Protest bleibt die einzige Partizipationsmöglichkeit für diejenigen, die außerhalb des (politischen) Systems stehen. Dennoch gibt es definitiv einen Unterschied zwischen Atomkraftwerken, die man deaktivieren will, und einer Klimakrise, die den Lebensraum bedroht. Protest wird unterschiedlich stark gewichtet, weil eben jeder unterschiedlich ignorant ist. Es gibt Menschen, denen der Atomgau egal ist, oder Protestierende, die glauben, dass Armut bei aktivem Klimaschutz kein Hindernis sein kann. Ein fast unnötiger Whataboutism, aber genau das ist dieser Essay auch: eine weitere vermeintlich clevere Abhandlung über unsere Debattenkultur, die die Welt noch nicht gesehen hat.

Zurück zum Thema: Auch wenn Protestierende Dinge wollen, die scheinbar moralisch gut sind, muss das demokratische System politische Antworten finden, unabhängig von der Größenordnung des Eingeforderten. Durch Wahlen oder die Mobilisierung von anderen Protestierenden können Mehrheiten geschaffen und politische Entscheidungen mitgetroffen werden. Demokratie ist zwar ein Privileg, aber durchaus anstrengend, wenn einem so gar nicht in den Kram passt, was passiert, aber die eigene Meinung irgendwie keine Beachtung findet. Ich erinnere hier gerne an den Volksentscheid Berlin 2030 Klimaneutral. Befürworter waren sich sicher, dass die Klimaneutralität 2030 ein besiegeltes Unterfangen sei. Vielleicht hatten sie zu viel Cortado in Kreuzberg getrunken und zu wenig Wahlwerbung in den Bezirken gemacht, in denen die Leute entweder reich sind oder weniger Zeit für solche Entscheidungen haben, weil sie damit beschäftigt sind, den Monat zu überstehen. Das Ergebnis hat sie alle eines Besseren belehrt.

So oder so kann Protest als lästig empfunden werden. Und auch das ist wieder seine politische Kraft. Weil es unangenehm ist, wenn einem Leute sagen, dass das, was man macht, scheiße oder moralisch falsch ist. Unsere eigene Art, jegliches Unterfangen zu moralisieren, fällt uns auf die Füße. Und das alles auf einem Planeten, der aus irgendwelchen Gründen existiert und auf dem wir nun mal miteinander leben, das heißt – auch miteinander auskommen müssen. In Anbetracht unserer gemeinsamen Existenz wäre es dringend vonnöten, diese Barriere zu durchbrechen. Ja, wenn der Straßenklimakleber nervt, muss man demokratisch gesehen trotzdem die Fähigkeit besitzen, zu verstehen, weshalb er es tut. Mit einem Appell an die Empathie und dem Wunsch zu verstehen, wieso Menschen Dinge tun, könnte die sogenannte Moralisierung gut ersetzt werden.

DIE MACHT DER EMPATHIE

Jeder hat seine Geschichte und Gründe, weshalb er gewisse Ansichten vertritt. Und ja, es muss uns interessieren, wieso Menschen zum Beispiel glauben, dass es die Klimakrise nicht gibt oder sie ihnen egal ist. Die eigenen politischen Ansichten in der immergleichen politischen Blase zu beteuern, ist ziemlich anspruchslos und zeugt nicht von einer wirklichen Bereitschaft, etwas verändern zu wollen. Das ist, simpel gesagt, selbstgefällig. Man möchte doch auch, dass andere einen verstehen. (Mich hat schon immer interessiert, wieso beispielsweise Omas rassistische Dinge im Aldi rufen.) Sich in Empathie üben ist keine Aufgabe für alle, besonders nicht für die, die akut leiden. Rassismus geht zwar alle etwas an, aber nicht alle haben die Kapazitäten, um den internalisierten Rassismus von Menschen aufzulösen. Gerade für Betroffene ist das oft emotional zu belastend.

Aber Empathie ist maßgeblich für alle, die im Kollektiv ernsthaft etwas verändern wollen. Die Gesellschaft liegt nämlich nicht nur im linken Spektrum.

Der vermeintliche „Wutbürger" zum Beispiel, der sich selbst nicht als Nazi sieht, aber die Ressentiments antidemokratischer Parteien wie der AfD attraktiv findet, weil sonst niemand mit ihm redet. Auch das muss eine Gesellschaft verstehen können. Da sind die Privilegien, die diese Person vielleicht hat, mit Verlaub, scheißegal, weil sie am Ende vielleicht ein Flüchtlingsheim anzündet. Zugegeben, die Denke, dass dann die Rechte stärker wird und Marginalisierte weniger geschützt sind, ist vielleicht verkürzt, aber dies ist nur eine Einleitung, Sie verstehen, worauf ich hinauswill.

Protest bleibt vielleicht das beste Sprachrohr aller Nischenparteien, weil er die demokratische Mitte, also jene, die im System einfach nur wählen und sich sonst halbwegs zufrieden wähnen, wieder daran erinnert, dass sie ignorant sind. Gegenüber anderen, aber vor allem gegenüber ihrer eigenen Zukunft. Es wäre beinahe altruistisch, sich in den Gedanken reinzusteigern, dass man die Klimakrise auch seinen eigenen Kindern antut, aber das ist nun mal menschlicher Fortschritt, *Baby*. Verstehen Sie mich nicht falsch, ich glaube an Gott, was eigentlich noch schlimmer ist, weil ich so weit gehen würde zu sagen, dass Menschen an ihrem Untergang selbst schuld sind. Als übergreifenden Gedanken für dieses Buch nehmen wir also mit: Es gibt nicht nur meine Meinung, sondern auch die der anderen, und leider leben wir in derselben Demokratie. Protest wird es immer geben. Er wird immer bewegen, aufregen, spalten und verbinden. Egal wie abstoßend oder ergötzend wir das finden mögen – deswegen sollten wir uns dringend mit ihm beschäftigen. Dieser Essay betrachtet Protest in der jungen, deutschsprachigen Demokratie. Ich werde Protest exemplarisch an zwei aktuellen Beispielen diskutieren. Anhand jener Proteste, die seit einigen Jahren so spaltend und so diskussionsfördernd agieren. Einerseits die aktuelle Debatte rund um Klimaaktivisten und ihre Protestmethoden. Darauf wird die größere Gewichtung liegen. Andererseits die Nachwehen der Corona-Proteste, die man vielleicht schon vergessen hat. Aber genau dieses Ausblenden verzerrt das demokratische Stimmungsbild. Und es unterschätzt, wie viel Kraft Protest haben kann, der mutmaßlich aus einer politischen Richtung kommt, die nicht als Mitte der Gesellschaft betrachtet wird. Ich werde die Debatten aufgreifen, die Diskussionen untersuchen und erörtern, was diese Proteste mit der Gesellschaft machen und bei wem sie wirklich ankommen.

Von *Fridays for Future* über die Corona-Proteste – die Stimmen verstummen nicht, sie werden nur lauter, extremer. Ihre Sprachrohre sitzen in Talkshows, Interviews mit ihnen halten komplette Redaktionen beschäftigt. Sie sind gefühlt normal und omnipräsent, was die Gewaltausbrüche (gegen Aktivisten der *Letzten Generation* zum Beispiel) noch gravierender hervortreten lässt. Hier wird erörtert, ob Protest, allem voran der zivile Ungehorsam, wichtig, richtig oder notwendig ist, denn inzwischen ist er überall. Ob Sie davon jetzt in diesem Buch lesen oder auf Twitter, Sie entkommen dem Ganzen nicht. In politischen Zeiten, in denen sogar privilegierte Demokratien gezwungen sind, Entscheidungen zu treffen, um Krisen zu vermeiden und nicht vor vollendete Tatsachen gestellt zu werden, sollte der Protest nicht ignoriert werden. Auch wenn Nicht-Handeln zu neuen politischen Umständen führt, weil wir Proteste ignorieren, werden sie zunehmen, polarisieren, sein. Ich hasse es auch, mich auf Dinge einzulassen, die ich per se ablehne. Aber das machen wir jetzt gemeinsam, falls Sie bis hierher gekommen sind und noch weiterlesen wollen. Vielleicht mit einem leckeren Cortado in der Hand. Na gut, Sie könnten dem Ganzen entkommen, wenn Sie zu diesen achtsamen Menschen gehören, die Bootcamps besuchen und ihr Handy für siebentausend Euro abgeben und dann in Zehlendorf oder anderswo im Speckgürtel ein Haus kaufen und … Egal, ich bin so zynisch, weil Proteste, besonders zukunftsrelevante, eben auch meinen Nerv treffen – also, zurück zur Ursprungsfrage: Was kann Protest?

PROTEST

(KANN NICHT NUR AM BODEN KLEBEN)

Protest an sich ist ein großer Begriff, dem hunderte Seiten nicht gerecht werden würden, aber ich beschränke mich in diesem Essay auf das Gröbste – und vor allem auf seine Bedeutung in der deutschen Geschichte. Es ist wichtig, den zivilen Ungehorsam vom Protest zu unterscheiden. Ziviler Ungehorsam ist ein Mittel des Protests, das oft im Diskurs erwähnt wird und daher genauer untersucht werden sollte.

Protest ist die simple Bekundung des Missfallens. Seine Wurzel hat der Begriff im Lateinischen, das Wort *protestari* bedeutet übersetzt „öffentlich bezeugen“. Er ist eine verbale oder nonverbale Bekundung darüber, dass man etwas Politisches wie eine Entscheidung, eine Idee oder etwas Geplantes zurückweist. Diese antagonistische politische Kommunikation hat sich bis dato bewährt, ist aber mittlerweile über ihren klassischen Sinn hinausgewachsen. Ihre bekannteste Form ist die Demonstration, wie sie täglich in kleinen und großen Ausmaßen stattfindet. Aber auch individuelle Meinungsäußerungen, zum Beispiel Interviews der Schriftstellerin Juli Zeh oder der Aktivistin Aimee van Baalen, sind bereits Protest, weil sie einen Unmut verbalisieren, der eine Öffentlichkeit erreicht.

DIE REICHWEITE DES PROTESTS

Protest beginnt mittlerweile schon bei Posts im Internet. Er profitiert von Reichweiten und Persönlichkeiten, die wissen, wie sie medial funktionieren, das ist nichts Neues. Und er endet auf der Straße, mit Pappschildern in der Hand. Meist sind das demokratische Vorgehensweisen wie Demonstrationen, friedliche Sitzblockaden zum Beispiel vor dem Kanzleramt oder vor Parteizentralen – also Protest, der eine bestimmte Menge an Menschen sichtbar macht, aber nicht andere Menschen daran hindert, etwas zu tun. Auch wenn angemeldete Demonstrationen in ihrer Größe natürlich Straßen blockieren, sind sie de facto planbar und mehrheitlich friedlich. Es gibt dann die Schnittmenge von Protest und zivilem Ungehorsam, wie z. B. die viel diskutierten „Schulschwänzer", die an *Fridays-For-Future*-Demonstrationen teilnehmen, um auf die Gefahren der Klimakrise hinzuweisen.

Kurz zum Framing[3] von Wörtern: Sie lesen hier sicherlich einige Begriffe, die Sie als provokant oder explizit triggernd empfinden. Ich glaube nicht an die für immer festgelegte Konnotation von Wörtern, also benutze ich Begriffe wie Schulschwänzer und Klimakrise. Ersteres sicher nicht, um die Schüler herabzuwürdigen, sondern um diejenigen zu benennen, die halt die Schule schwänzen, weil sie ein politisches Anliegen haben. Ich habe für andere Dinge die Schule geschwänzt, bleibt also zu hoffen, dass Konservative die Kinder mit 4You-Ranzen nicht unter Strafe stellen und meine Eltern diesen Absatz hier überlesen. Meine Tendenz, im Nachhinein Dinge unter Beobachtung zu stellen, kommt ja nicht von ungefähr. Der zweite Begriff, Klimakrise, ist kein problematischer. Die Eurokrise war ja auch die Beschreibung einer Krise. Das Klima ist in der Krise, ob es uns passt oder nicht, dementsprechend ist es eine Krise. Das ist keine panikmachende linksgrün verblendete Sprache, es bleibt eine Tatsachenbeschreibung. Und Krisen kann man, wie im Privaten ja auch, getrost ignorieren – irgendwann spürt man halt die Konsequenzen, die man vielleicht sogar geiler findet als die eigentliche Krisenbewältigung. Resilienz als Sucht der selbsternannten Diskursbeteiligten: Befriedigung finden im Ignorieren und Akzeptieren des kommenden Untergangs; das holt mich leider ab, muss ich ehrlich zugeben. Aber zurück zu den Inhalten: Das Klima ist in der Krise.

An dieser Stelle könnte jemand die Klima-RAF einwerfen, die CSU-Landesgruppenchef Alexander Dobrindt mal erfand. Das mag vielleicht kein neutraler Begriff sein, doch wir können ihn nicht in vermeintlich moralischer Überlegenheit dämonisieren und denken, damit sei dem Diskurs geholfen. Denn dass dieser Begriff nicht nur bei rechter Klientel auf Zustimmung trifft, hat einen Grund. Auch ich sollte mich zügeln und mir vornehmen, weniger zynisch zu sein und sowohl Framing als auch Konnotationen mal beiseite zu lassen. Obwohl man sich sowas für ein Fazit aufhebt (für Konventionelles haben wir jetzt keine Zeit), plädiere ich schon an dieser Stelle für weniger Zynismus, auch an mich selbst.

Eine Gesellschaft hat nur so viele Schubladen, wie sie zulässt. Und das Labeln, Konnotieren von Wörtern und Sachverhalten geht auf Dauer nicht gut in Diskursen. Weil wir sonst irgendwann nur noch über Begriffe labern. Weil die Deutungshoheit immer bei denjenigen liegt, die sich am lautesten über Dinge aufregen, die Begrifflichkeiten diskutieren – was Protestierende oft nicht können, und dann geht es am Ende weder um den Inhalt noch um die einander gegenüberstehenden Seiten.

Wenn die Partizipation am Diskurs erschwert wird, dann gibt es aber immer noch eine weitere Form des Protests. Erinnern Sie sich beispielsweise an den Schuh, den ein wütender irakischer Journalist auf den damaligen Präsidenten George W. Bush warf, als Ausdruck seiner Missbilligung der Irakpolitik und der Einmischung des Westens in diese Angelegenheit? Das war ein Protest, aber kein demokratischer – ist also dem zivilen Ungehorsam zuzuordnen.

ZIVILES WIDERSTEHEN, ZIVIL UNGEHORSAM SEIN

In Deutschland reicht die Protestform des zivilen Ungehorsams zurück bis ins 19. Jahrhundert, zum Wartburgfest Oktober 1817, bei dem Studierende ihre Missbilligung der reaktionären Politik bekundeten. Hunderte Studenten und einige Professoren trafen sich und demonstrierten für einen einheitlichen Nationalstaat, der Bürgerrechte und eine Verfassung beinhalten sollte. In der jungen Bundesrepublik beginnt ziviler Ungehorsam in den Sechzigern unter dem Motto „Unter den Talaren – Muff von tausend Jahren“. Damit wurde die nicht entnazifizierte, autoritäre deutsche Nachkriegsgesellschaft adressiert. Was meist in Demonstrationen und Besetzungen von Hörsälen in Universitäten mündete, die wiederum in gewalttätigen Auseinandersetzungen mit der Polizei endeten. In den Achtzigern begann der Klimaprotest, vor allem gegen die umstrittenen Atomkraftwerke nach Tschernobyl – oder gegen den NATO-Doppelbeschluss, der die Stationierung von atomaren Raketen in Europa ankündigte. Besetzungen, Demos, so stellte sich der zivile Ungehorsam auch hier dar. Zuletzt dann *Fridays for Future* und die *Letzte Generation*, die den zivilen Ungehorsam als Hauptmittel einsetzen. Beide agieren vor allem mit Aktionen wie dem Festkleben auf Straßen, dem Zusammentrommeln großer Menschenmengen, die von der Politik aufgrund ihrer Größe beachtet werden müssen, sowie symbolischen Farb- und Essensattacken auf Gebäude und Kunstwerke. Ziviler Ungehorsam hat meistens die Intention, gewaltfrei zu bleiben, auch die *Letzte Generation* beruft sich darauf. Sie spricht von zivilem Widerstand, nicht von Protest, und bezeichnet ihn, basierend auf dem NAVCO Dataset,[4] als doppelt so erfolgreich wie gewaltvolle Protestmethoden.

Beim zivilen Ungehorsam verwendet der Protest als Ausdruck des Widerstandes Mittel, die oftmals nicht legal sind und dementsprechend unter Strafe gestellt werden können. Er ist eine Erpressung der Mehrheit durch eine Minderheit, die aktiv den Alltag anderer stören will, um auf ihr Ziel aufmerksam zu machen. Der Philosoph und Sozialwissenschaftler Robin Celikates bezeichnet ihn als

„bürgerliche Pflicht“ und „reformistisches Streben nach kosmetischen Korrekturen innerhalb des bestehenden Systems“.[5] Kurz gesagt: Er wird besonders in linken Kreisen als etwas mit radikalem Transformationspotenzial wahrgenommen. Andere sehen ihn als demokratische Bedrohung, gar mit Potenzial zu terroristischen Gewalttaten, und da dient unter anderem die RAF als Beispiel. Der zivile Ungehorsam hat diverse Formen. Die uns wohl bekannteste mag die Sitzblockade sein, für die Friedlicheren unter uns die Menschenkette, aber auch die Besetzung von Bäumen im Hambacher Forst fällt darunter. Protestierende nehmen Strafen in Kauf, um ihre Ziele zu vermitteln.

Die Definition ist jedoch keinesfalls starr. In der deutschsprachigen Debatte wird ziviler Ungehorsam nämlich oft mit linken Klimaaktivisten in Verbindung gebracht. Das mögen manche als zu seicht ansehen – denkt man an fliegende Schuhe oder Aktivisten, die durch festklebende Hände eventuell Krankenwagen an der Durchfahrt hindern. Aber neben Sitzblockaden gehört auch die Erstürmung des Reichstages dazu. Ziviler Ungehorsam ist keine rein linke Methode. Er ist überall möglich und jeder kann ihn nutzen. Was nicht bedeutet, dass das Besetzen eines Flugzeuges und das Invadieren eines demokratischen Gebäudes das Gleiche ist.

Protest, in all seinen Formen, hat die Kraft, gesellschaftliche Probleme effizient zu benennen, so dass die meisten es sofort verstehen. Er kratzt zunächst überwiegend an der Oberfläche und hat nicht das Ziel, die Einzelheiten aufzudröseln. Die Politik und handelnde Akteure sollen unter Druck gesetzt werden. Und das funktioniert in Deutschland ziemlich gut.

KLIMAPROTEST, KLIMAKAMPF, KLIMAWANDEL

Deutsche kauen den Klimawandel, seine Existenz oder Nicht-Existenz, die Proteste und Greta besonders gerne durch. Dennoch ist Klimaprotest so öde und omnipräsent, dass es sicherlich nicht viel zu erklären gibt, oder? Moralische Überlegenheit ist immer öde, denn von vermeintlichem Rechthaben lässt sich noch nichts kaufen. Würde (Menschen-) Recht immer siegen, müsste man sich keine halbgaren politischen Feuilletontexte geben, die einem die eigene Welt erklären wollen. Ergötzung an intellektuellen Debatten ist auch Marketing fürs Klima, irgendwo müssen wir uns ja abholen lassen. Auch ich bin genervt von Diskussionen über Inlandsflüge und Klimamaßnahmen, die von Sozialdemokraten und Grünen der Bundesregierung anscheinend doch nicht durchgesetzt wurden. Oder von Männern, die die Renaissance ihres Lebens haben, weil sie auf Twitter bekunden, wie groß ihre Schuld an der globalen Erwärmung doch sei.

Aber was assoziiert man mit dem Diskurs um das Klima? Beispielsweise Unbewältigbarkeit, Sturheit, Nischendiskussionen. Aber auch Sinn, eine Lebensaufgabe, moralische Selbstfindung und Miteinander. Es ist der große Weltschmerz und die subjektive Einordnung zwischen Schuld und Wut, Ignoranz und der Frage, ob man nicht doch lieber ein Stück Fleisch fressen sollte, bevor ein Unwetter das Leben zu früh beendet. Ja, ich bin bekennende Klimapessimistin. Anzunehmen, die Meinung einer einzelnen Person sei angesichts dieser Thematik relevant, ist definitiv Selbstüberschätzung, aber auch wichtig für den Erfolg von gesellschaftlichen Prozessen. Aber es gibt kein Schwarz-Weiß, auch wenn Medien und wir selbst es gern so skizzieren. Das ist nur eine Ausflucht aus der Verantwortung und keine Krisenbewältigung. Jeder hat durchaus das Recht, verblendet zu sein – oder eben ignorant. Ich beispielsweise glaube, dass dieser Planet an vielen Stellen rottet und nicht rettbar ist. Das liegt am Tempo der Demokratie, das ich weder als richtig noch als falsch labeln kann, sondern nur als gegeben. Fernab meiner Wahrnehmung stellt sich die Frage: Kommt Klimaprotest an?

DAS ENDE DER WELT UND DAS ENDE DER DEMOKRATIE

Vielleicht bin ich genau die richtige Adressatin für jene Aktivisten, die – wünscht man sich den makellosen Erhalt dieses Planeten – mit ihrem Aktivismus eine berechtigte Panik streuen. Ihr Argument lautet: Erhitzt sich die Erde, sind (liberale) Demokratien sowieso in Gefahr, also könnte man sich jetzt schon zusammenreißen, um das zu verhindern. Das ist eine legitime Meinung. Die Frage ist nur, wer sie treffend formuliert. Die Penetranz, die Klimaaktivisten an den Tag legen, führt dazu, dass einige Mitmenschen die Diktatur kommen sehen – und zwar in der Unterdrückung des mündigen klimaignoranten Volkes. An dieser Stelle werfe ich gern ein, dass die Grünen nicht so viel verbieten und in Anbetracht laufender Krisen wie dem Angriffskrieg auf die Ukraine selbst Kohlekraftwerke am Laufen halten.

Im Prinzip stellt sich die Frage, ob Klimapolitik und Demokratie ein Widerspruch sind – bitte keine Schnappatmung! Ganz simpel gesagt: Schafft es die

Demokratie, sich durch die Klimafrage nicht selbst zu zersplittern. Ob bereits jetzt auf der vollgeklebten A100 oder halt dann, wenn Überlebensfragen ein *Survival-of-the-Fittest* in der Gesellschaft lostreten. Schauen wir nach Neu-Delhi, da diskutiert keiner über autofreie Straßen, sondern über Hitzetod-Prävention im Sommer bei fünfzig Grad.

Unter solchen Umständen kommt erneut die Klimapessimistin in mir zum Vorschein. Den Begriff habe ich folgendermaßen definiert: „Klimapessimismus beschreibt das Gefühl einer selbst verschuldeten Ohnmacht, der man bereits nachgegeben hat, ein Delirium, in dem man sich mit der Gegenwart vergnügt und die Zukunft, die man längst abgeschrieben hat, missachtet.“[6] Sorry, musste mich kurz selbst zitieren, weil sich so wenige Menschen pessimistischen Input leisten. Sie sind mir alle zu positiv – oder von Klimaangst erfüllt, man weiß es nicht so recht. Es gibt aber daneben diese komische Gruppe von Menschen, die weder dafür noch dagegen, sondern einfach da ist. Demokratie wäre auch, wenn wir in eine Katastrophenlage kommen – in diesem Fall die schrecklichsten Auswirkungen der Klimakrise – und dann halt darüber diskutieren. Aber vielleicht wird ziviler Ungehorsam dann für etwas anderes verwendet – weil es für essenzielle Fragen oder gar für Prävention zu spät ist.

Hinter Klimaprotesten steckt nämlich die apokalyptische Angst vor dem Ende der Welt, wie wir sie kennen: als wohligen Ort, der bewohnbar ist und genug Ressourcen bietet. Über die eher naiven, noch lieben und meist nonverbalen, Pappschildgetriebenen Proteste von *Fridays for Future* muss man unbedingt reden, wenn man die Inbrunst verstehen möchte, mit welcher Klimaaktivisten mittlerweile ihre Anliegen vortragen.

FRIDAYS FOR FUTURE

Die Bewegung hat bis heute ziemlich einfach formulierte Anliegen: Klimagerechtigkeit und das Einhalten der Pariser Klimaziele. Klimagerechtigkeit bedeutet (hier nochmal für den letzten eurozentristischen Menschen unter uns), dass Länder mitgedacht und entlastet werden, die durch Ausbeutung und Industrialisierung bereits jetzt zu unseren Gunsten gravierende Auswirkungen erleiden. Die Kernforderung von *Fridays for Future* lautet „Handel endlich – damit wir eine Zukunft haben".[7] Dafür demonstrieren bis heute große Mengen an Schülern, Lehrern, Großeltern und anderen, die letztlich denken, dass in die Schule gehen für einen brennenden Planeten nichts bringt. Dabei war *Fridays for Future* bis heute selten zivil ungehorsam, sondern durch Mäßigung definiert. Die Schlagkraft der schieren Teilnehmerzahlen lässt sich jedoch nicht ignorieren: 2019 gingen am globalen Klimastreiktag über eine Million Menschen auf die Straße. Hier lässt sich sicherlich nicht von einer marginalisierten Minderheit sprechen.[8] Trotzdem ist sie aber auch keine Mehrheit.

Allem voran hat das Bewusstmachen seitens der Aktivisten nicht erst seit *Fridays for Future* etwas gebracht. Gegenüber 1990 sind die Kohlendioxid-Emissionen um 36,8 Prozent gesunken.[9] Bis 2030 sollen rund 65 Prozent aller Emissionen eingespart werden, bis 2040 fast 90 Prozent.[10] *Fridays for Future* verlangt beispielsweise ein Nettonull bis 2035 und die CO_2-Steuer, verbunden mit der Forderung, dass Kohle spätestens 2038 vom Netz gehen soll. Es gibt auch radikalere Gruppierungen wie *Ende Gelände*, die aktiv Orte besetzten, wie den Hambacher Forst. Sie fordern vor allem: Umverteilung, Umlenkung staatlicher Mittel und Verringerung von Ressourcenverbrauch. Seit Kurzem tritt auch die *Letzte Generation*, gegründet 2021, ins Rampenlicht und besetzt vermutlich in dieser Sekunde eine Autobahnzufahrt oder eine Bundesstraße.

DIE LETZTE GENERATION

Die mittlerweile berühmt-berüchtigte Auffahrt der A100 ist in dem Bezirk, wo sich meine kleine Wohnung in Berlin befindet. Zu Beginn fand ich die Proteste spannend, nicht so sehr die Forderungen der Aktivisten, sondern die Reaktionen der Menschen vor Ort, die betroffen waren, und was die Politik daraus machte. Als die *Letzte Generation* sich das erste Mal festklebte, fühlte ich den Drang, mich dagegen auszusprechen, rational zu bewerten, ohne emotional zu werden. Eine selbstsüchtige, ignorante Art, zu der ich stehe. Es geht um folgenden Punkt: „So retten sie nur sich selbst", schrieb ich bei ZEIT ONLINE. Seitdem frage ich mich: Wieso sind soziale Protestbewegungen und Gruppierungen bei der Durchsetzung ihrer Ziele oft so herrlich ineffizient? Sollte es Gott geben, kann man sich dann von dem Versuch, die Welt mit einer stoischen Protestform zu retten, etwas erhoffen? Brennt Brandenburg dann nicht mehr im Paradies? Das erste Mal sorgte die *Letzte Generation* für Aufruhr, als eine Radfahrerin zu Tode kam, an einem Ort, wo gerade eine Sitzblockade veranstaltet wurde. Ein Lehrbeispiel medialer

Dynamik – und der Grenzen der Deutungshoheit marginalisierter Gruppen. Am 31. Oktober 2022 berichtet die dpa (Deutsche Presse Agentur) von einem Unfall. Eine Radfahrerin sei lebensgefährlich verletzt worden – wenig später wird hinzugefügt, dass Einsatzkräfte der Feuerwehr „wegen Protesten von Klimademonstranten" verzögert am Unfallort eingetroffen seien, basierend auf den „Angaben eines Sprechers".[11] Ein Stau auf der A100 ist der Beginn einer Diskussion, ob Klimaaktivisten Schuld am Tod einer Radfahrerin haben könnten. Denn diese erliegt ihren Verletzungen, und direkt wird vermutet: Hätte es schnellere Hilfe durch die Berliner Einsatzkräfte gegeben, wäre das alles nicht passiert. „Die Verhöhnung von Demokratie und Rechtsstaat",[12] titelt die FAZ am 3. November und fortan debattiert die Republik über die Aktivisten – das Klima rückt in den Hintergrund. Der Tagesspiegel liefert einige Zeit später neue Fakten: Nicht die Blockade der Klimaaktivisten führte zur Verlangsamung des Verkehrsflusses, dafür waren Fahrbahnsperrungen der Polizei verantwortlich. Eine Notärztin bestätigt am 4. November, dass die Aktivisten keinen Einfluss auf die

Verspätung hatten. Das ändert nichts am Bild. Seitdem gelten die Aktivisten als Gefahr und Redaktionen streiten über die Richtigkeit ihrer Protestform, denn es könnte ja wirklich mal einen Unfall mit schweren Folgen geben, ausgelöst durch festgeklebte Aktivisten. Von nun an sehen sich die Aktivisten in ihrer Ansicht bestätigt, dass die Gesellschaft den ernsten Problemen keine Aufmerksamkeit schenkt. Klebeproteste nehmen zu und Aktivisten werfen den Medien vor, nicht objektiv zu berichten.

Die *Letzte Generation* kämpfte ebenfalls für das Tempolimit, beklebte Gebäude und begann, Kunstwerke zu bewerfen – der nächste Herzinfarkt für die bürgerliche Mitte, Menschen, die sich doch als Klimakrisenversteher sahen, aber das geht ihnen zu weit. Dass die *Letzte Generation* ebenfalls für die Rettung von Lebensmitteln kämpft, erfahre auch ich erst durch Recherche, weil dieses Thema nicht nur medial keine Aufmerksamkeit bekommt, sondern auch ein schönes Beispiel der eigenen Ignoranz darstellt. Und da sind wir bereits an einem wichtigen Punkt: Kommunikation ist immer Ursache und Wirkung.[13] Ich kommuniziere etwas aus

Gründen, und die Empfänger werden basierend auf ihren eigenen Erfahrungen und Ansichten darauf reagieren. Die Nicht-Reaktion ist ebenfalls eine Reaktion. Nichts bleibt unbeantwortet.

Klimaaktivisten möchten die Gesellschaft dazu bewegen, eine der schlimmsten anstehenden Krisen des Jahrhunderts zu bewältigen. Allein beim Tippen dieses Satzes bekomme ich schon ein Talkshowtrauma, schön vorgetragen, das wiedergekaute Weltuntergangsszenario. Wen holt das noch ab? Das klingt ignorant, aber das ist kollektive Resilienz, die ich sicherlich nicht allein erschaffen habe. Der Untergang ist keine Drohung mehr im weitesten Sinne. Eher so eine halbe, gut verdrängte Tatsache, denn bis jetzt brennt ja nur Brandenburg, so zwischendurch. Das heißt also: Die Pappschilder und das Schulschwänzen der Aktivisten von *Fridays for Future* haben dafür gesorgt, dass wir alle einmal am Tag das Wort Klimakrise hören, was ja durchaus ein Anfang ist. Dass das nicht bedeutet, die Grünen konnten sich in einer sehr kompromissbasierten Koalition mit den wichtigsten Klimazielen durchsetzen, dürfte selbsterklärend sein. Trotzdem können wir den Protest von *Fridays for Future* als erfolgreich bezeichnen. Aktivismus, der ein Thema in die Mitte der Gesellschaft pflanzen möchte, um politischen Druck zu erhöhen, und es dann schafft, dass regelmäßig Hunderttausende auf die Straße gehen, ist erfolgreich. Auch das Gesicht des Protests zu werden und sich somit als populäre Persönlichkeit in öffentlichen Debatten unentbehrlich zu machen, um diesen Protest erfolgreich fortzuführen, ist ein Sieg.

GESICHTER DES WIDERSTANDS

Protest formt immer populäre Persönlichkeiten. Das ist letztlich dem Kapitalismus geschuldet, denn jeder Erfolg ist ebenso gutes Marketing. Es treten Persönlichkeiten hervor, die Bewegungen anführen und repräsentieren, wenn auch in auf Vinted ersteigerten Veja-Sneakern – und ab diesem Zeitpunkt wird es immer schwierig. Anders als bei den antagonistisch gedachten Bewegungen der Achtziger entwickeln heute einzelne Personen durch ihre rhetorischen Fähigkeiten und ihre Präsenz ganze Karrieren. Also: Es braucht auch einen Kollateralschaden, um das eigene Vorhaben durchzubringen. Personen wie Aimée van Baalen oder Luisa Neubauer können sowohl ihre Position ausnutzen als auch mit unkontrollierbaren Auswirkungen zu kämpfen haben; neben dem absoluten Hass auf die ganze Bewegung, der sich über ihnen entlädt. Was sie natürlich wiederum in ihren Ressentiments bestärkt: das Bild des alten weißen Boomers, der Sexist und Antiklima-Kapitalist ist.

Auch wenn diese Aktivistinnen erfolgreich sind, repräsentieren sie immer noch eine marginalisierte Gruppe mit Anliegen, die die Mehrheitsgesellschaft nicht vertritt – oder nicht so wählt, dass die Regierung radikale Klimapolitik ausführt. Der alte weiße Mann, die überhebliche Bourgeoisie, sie existieren. Was auch immer von diesen Zuschreibungen zutreffen mag, moralisch oder wertend gesehen kann man damit übereinstimmen oder am Ende wieder beim Umsturz des Kapitalismus landen, aber Mehrheiten gibt es dafür nicht. Erst recht nicht, nachdem sich die Linke innerhalb eines Krieges ins demokratische Aus geschossen hat. Vor allem würde die Debatte derzeit gar nicht mal so weit kommen. Es wird eher diskutiert, mit welchen Moderatoren Aktivisten zusammen sind, als würde nicht seit der Bonner Republik überall miteinander geschlafen, was auch total okay ist, denn von diesen großen politischen Räumen gibt es keine Auszeit und so findet man seine Partner eben dort. Aber wir sind ja alle geil auf Tratsch.

Die kapitalistische Notwendigkeit des Aufbaus von Persönlichkeiten hat einen kleinen Anteil am größten Problem der Aktivisten: das Verspielen der Zugangsebene, die es immer noch dringend braucht. Nicht nur zum nicht klimaaffinen Volk, sondern selbst unter sich. Mittlerweile müssen sich Aktivisten von Aktivisten abgrenzen, weil sie merken, dass sie selbst noch mehr die Debatte verschieben, wenn sie es nicht tun. So kritisierte Annika Rittmann, Sprecherin von *Fridays for Future*, Mitte April die *Letzte Generation*: „Die Klimakrise braucht gesamtgesellschaftliche Lösungen und die finden und erstreiten wir nur gemeinsam und nicht, indem wir Menschen im Alltag gegeneinander aufbringen."[14] Eine Organisation wie *Fridays for Future* wirkt in diesem Moment von ihrer eigenen Kritik überrollt: Sie sind dem Realismus verfallen. Vielleicht ist das ein sogenanntes Learning aus langjährigem Protest, in dem mehr über Schwänzen als Kohlekraft geredet wurde, weil man letztlich die Instanzen der Demokratie verwenden muss, um etwas zu verändern, nicht? Die Abgrenzung wurde übrigens seitens der *Fridays for Future* Österreich sofort gekontert. Medial stellt sich die Frage: Ist die Gruppe gespalten? Ja, zum Fick nochmal! Alles andere wäre sehr merkwürdig.

Gleichgestellte, riesige Protestgruppen können sich auch direkt selbst unterbinden. Und da haben wir sie: Die Nischendebatte.

ABHOLEN ODER STEHEN LASSEN

Es gibt noch eine Nischendebatte: die Klima-RAF. Die Bezeichnung stammt von Landesgruppenchef der CSU im Bundestag, Alexander Dobrindt. Wenige Tage nach dem Tod der Radfahrerin diskutierte das Land, damit meine ich zunächst die Berliner Blase, über das terroristische Potenzial der Bewegung. Da gab es noch keine härteren Aussagen seitens der *Letzten Generation*, da haben sie erst einmal geklebt. Vorab: Das wird den Opfern der RAF natürlich nicht gerecht, und es ist historisch im deutschen Kontext natürlich immer verwerflich, solch große Beispiele in deutlich kleinerem Kontext zu verwenden. Aber Dobrindt hat damit einen Nerv getroffen. Er hat mit seiner Deutungshoheit gekonnt den Nerv getroffen, an dem sich die resiliente Mehrheitsgesellschaft gern bedient hat – auch jene, die feuilletonistisch tagelang debattierten, ob ein solch großer Vergleich denn gilt. Es ging – wieder – um alles Mögliche, nur nicht ums Klima.

Die akute gesellschaftliche Drohung, sie bleibt das effektivste politische Instrument der Konservativen, die oft die Deutungshoheit in Debatten besitzen. Auch das ist ein Problem der Aktivisten, die in solchen Debatten nicht schnell genug klug agieren. Klug agieren bedeutet nicht nur recht haben. Es bedeutet überzeugen können. Wenn auch vielleicht geschichtsrevisionistisch. Dobrindt hat jene Menschen abgeholt, die sich von anderen Menschen nichts vorschreiben lassen wollen, die sich eingeschränkt fühlen, wenn Menschen ihren Alltag beeinflussen, ohne darüber nachzudenken, ob die Aktivisten es gut meinen. Das müssen sie auch nicht. Sie könnten es aber.

Kommen wir wieder zum symbolischen Arbeiter, zur Person, die nicht die bürgerliche Resilienz besitzt und nicht aufgrund ihres Wohlstandes Tweets von der taz likt, während sie im Auto in den Urlaub nach Garmisch-Partenkirchen fährt. Jene Person, der die Mieten zu hoch sind, die sich von ihrer Rente nichts leisten kann oder dreimal zum Arbeitsamt gehen muss, weil der Gutschein für einen neuen Kühlschrank irgendwie doch nicht gültig ist und Instantnudeln halt keine geile Mahlzeit für eine Woche sind. Oder die, die den einen oder anderen Klebestreik live miterlebt hat; oder die Wut vom Nachbarn, dem Cousin oder des Kindes aufgeschnappt hat. Kommunikation ist immer Ursache und Wirkung. Und die ist in diesem Fall keineswegs: Klimaaktivisten: „Klimakrise ist ernst, hier, ich klebe mich hin, schau hin, hilf mit, deine Zukunft geht auch zu Ende.“ Und die Reaktion: „Oh fuck, Arbeit ist egal, ich kette mich an Olaf Scholz, bis er alle Kohlekraftwerke runterfährt.“ Es ist eher: „Schau, ich klebe hier und sage dir, das Klima ist bald nicht mehr zu retten, und deshalb klebe ich mich vor dir fest, du mit 1.837 Euro Nettogehalt und Stromnachzahlung, der gerade wohin muss, der sein Auto vielleicht als kleinen Luxus im Alltag sieht, weil er vom Randbezirk pendelt.“ Diese Kommunikation ist geschehen, ob gewollt oder nicht. Der Adressat mag per se der richtige sein, aber die Wirkung geht nicht auf.

Ein Lkw-Fahrer tritt einem jungen Aktivisten in den Bauch, mehrmals. Das Video geht viral. Zwischen empörten Linken und mehrheitlich mittelalten Menschen, die kommentieren, dass sie das eigentlich gut finden, und hoffen, dass diese Aktivisten es doch jetzt mal sein lassen, gibt es nicht viel. Die Front der Diplomatie ist nichtig, genauso wie ein nahestehender Kohleausstieg vor 2038. Realismus ödet genauso an wie Klimaprotest. Alles gehört, alles gesagt, aber gut, die Debatte muss ja weitergehen. Es sind nicht nur die üblichen Verdächtigen, die gern Boulevard lesen und Hasskommentare an Greta Thunberg senden. Die Adressaten scheinen den Aktivisten oft gar nicht bewusst zu sein. Wie hart die Vorstellung von kollektiver Vernunft zerfällt, zeigt wieder eine Nischendebatte: der gescheiterte Volksentscheid Berlin 2030 klimaneutral.

KLIMANEUTRALITÄT *IS A* MITTELSCHICHTS-PRODUKT

Volksentscheide sind ja eigentlich das Format, von dem auch einige meinen, damit würde die gesellschaftliche Vernunft siegen. Den Enthusiasmus, mit dem ein klimaneutrales Berlin im März 2023 beworben wurde, habe ich nur auf Instagram gesehen. Da folgt man innerhalb der Blase der Blase und Aktivisten, die die gleichen Aktivisten mit den gleichen Followern reposten oder die einander in Podcasts „shoutouten".

Die Idee des Volksentscheids ist simpel: Geld, das man irgendwann sowieso für die Schadensbegrenzung der Auswirkungen des Klimawandels ausgeben muss, vorher schon investieren, radikaler Umbau, Umdenken von Stadt, Straßen und Fortbewegung. Paris und andere Städte machen das bereits, es ist nicht die utopischste oder dystopischste aller Ideen, die Aktivisten in die Gesellschaft getragen haben. Die Plakate hingen gut sichtbar an den Pfeilern der Stadtmitte Berlins, ein brennendes Grün und Rot, *klimaneutral*, deutlich zu lesen. Wenn man denn hinschaut, könnte man es als missglückte Gleitgel-Werbung missverstehen. Es ist das Selbstverständnis, dass Klima und links unzertrennlich zusammengehören. Und alle uneingeschränkt die gute Sache sehen, wie bei Gleitgel, das ist praktisch und letztlich braucht es ja jeder. Nur hängt an Gleitgel nicht die Existenz menschlicher Zivilisation.

Klimaneutralität bedeutet ja für alle Gutes, nicht? Aber was genau bedeutet es denn, außer gesenkte CO_2-Werte? Wer, außerhalb der klimabewussten Blase, soll wissen, dass dieses Thema einen selbst betrifft? Natürlich hat der Berliner „Problem"-Bezirk Marzahn nicht das Ruder herumgerissen. Kein Randbezirk hat das. Ebenso wenig zentrale Stadtteile Berlins. Auch nicht die akademisierten wie Zehlendorf oder Dahlem. Die Grünenpolitikerin Marianne Burkert-Eulitz twitterte kurz nach der Abstimmung: „In der Innenstadt wird es schneller heißer und heißer, die Flächen sind versiegelter, die Menschen leben auf engstem Raum, vielleicht ein Grund schneller was zu ändern, als da wo es Platz für den SUV in der eigenen Garage gibt?"[15] Diese Ansicht ist der Grund, weshalb die Volksabstimmung im März 2023 gescheitert ist. Eine selbstgerechte Sicht, die gar nicht abwägen kann, weshalb das Kollektiv nicht bei ihr ist. Der Feind ist nicht der liberale Arschloch-SUV-Fahrer. Fast genauso viele Dafür wie Dagegen. Dieses Ergebnis ist ein Brandmal. Dass Menschen aufstehen, um bewusst gegen ein Vorhaben zu votieren, das per se sinnvoll für alle sein kann, ist irre. Und ironischerweise wieder ein Protest gegen den Protest oder dieses politische Vorhaben, mitinitiiert von Aktivisten. Ein Protest, der wieder mal als verblendet und falsch geframed wurde, nur ist hier, wie ich schon zu Anfang mal sagte, eigentlich interessant, was diese Leute denken. Wieso sie das tun. Und nein, so gut sich das als 160-Zeichen-Tweet macht, Reiche, die dagegen waren, sind nicht per se scheiße und unbrauchbar, die haben halt dann Deutungshoheit, ob es einem passt oder nicht. Das zeigt, dass die Situation mehr als verfahren ist und die Brücke zu den so wichtigen Verbündeten bald einstürzt. Wir haben ja nicht 2003, wo Klima wirklich noch ein Lifestyle-Freizeit-Thema war, Öko ein selbstgerechtes Hobby mit der Intention, eigentlich was Gutes für alle zu wollen. Ein solcher Aktivismus rettet die Aktivisten nicht einmal selbst.

Wen hat man denn jetzt nicht abgeholt? Menschen, die das alles wissen und die Klimakrise sicherlich nicht leugnen, und dazu hat man innerhalb der polarisierenden Debatte die Die-Grünen-verbieten-mir-nichts-Unterstützer an einem Sonntag dazu bewegt, gegen sauberere Luft in ihrer eigenen scheiß Stadt zu wählen. Es gibt da aber eine Gruppe, die ganz zentral ist, die Bescheid weiß, aber ignoriert und andere Themen priorisiert: Die Klimapessimisten.

WIESO DENN NOCH, WENN ES EH ZU SPÄT IST?

Die junge Generation ist weder per se politisch links noch interessiert oder prinzipiell immer fürs Gemeinwohl. Sie ist genauso breit aufgestellt wie die anderen Generationen auch: konservativ, liberal, grün, links oder auch nicht wählend. Jede Generation hat ihre Armen oder in Armut Sozialisierten, ihre Arbeiter und ihre überzeugten Kapitalisten. In jeder Generation gibt es Menschen, die sich auf ihr alltägliches Leben beschränken und denen der Rest herzlich egal ist. Ignorante Menschen.

Gesellschaftsakteure, die den Klimawandel leugnen, stellen nicht das größte Problem dar. Es wäre durchaus schön, wenn das so wäre. In einer Umfrage der ARD gaben rund 86 Prozent aller Befragten an, dass die Veränderung des Klimas durch den Menschen verursacht sei.[16] Rein demokratisch runtergebrochen: Die einzige Partei mit Einfluss, die klimatische Veränderungen leugnet, ist die AfD, alle anderen Parteien bekennen sich zum Klimaschutz. Das wahre Problem liegt in der großen, meist nicht stark politisierten Gesellschaft. Das sind keineswegs nur selbstbezogene Akteure. Vor allem: Klima und Umwelt waren bis 2017 irrelevant, fast eine Satire. Das höchste der Gefühle waren die wenigen Menschen, die einen an Mülltrennung erinnerten oder als moralisch falsch tadelten, ließ man den Wasserhahn zu lange laufen. Es hat niemanden interessiert, weil privilegiertes, zivilisiertes Leben vornehmlich ja nur bei akuter Bedrohung als hohes Gut gewertet wird. Und das gute Leben gab und gibt es im Westen trotz wachsender Ungleichheit immer noch. Ich bin ebenfalls mit dem Streben nach Aufstieg sozialisiert worden: etwas erreichen, Geld verdienen, Konsum, Fliegen können, mit alldem, was früher und auch heute unter Status verstanden wird. Auch umweltbewusster Status ist teuer, also emissionsfrei leben, unverpackt, zu Fuß mitten in der Stadt leben können oder das 5.000-Euro-Lastenrad – auch eine Nischendebatte, die ich uns allen jetzt nicht antue, es ist die große Klassenfrage. Oder welche Klientel wird durch Subvention von Lastenrädern mobilisiert, die nicht bereits klimabewusst wählt und agiert?

Klimapessimisten und jene, denen es egal ist oder die keine Kapazitäten haben, ans Morgen zu denken, finden sich überall. Sie sind ein wichtiger Teil, der mobilisiert werden muss, wenn Aktivisten etwas erreichen wollen. Wer mit Moral wirbt, wird keine Realität ernten. Viele junge Menschen saugen das Internet auf, die Warnungen, die Beweise und posten ihre Emotionen abends nach endlosem Scrollen wieder auf Apps, die Nacht kommt sowieso. Denn der Zeitpunkt, zu dem noch etwas getan werden kann, der ist längst verstrichen. Der Bericht des Hamburger *Climate, Climatic Change and Society* (CLICCS) Clusters kommt zu dem Schluss, dass das Erreichen des 1,5-Grad-Ziels mit Blick auf alle derzeitigen Entwicklungen unplausibel sei. „Tatsächlich ist in Sachen Klimaschutz inzwischen einiges in Bewegung geraten. Aber wenn man sich die Entwicklung der gesellschaftlichen Prozesse im Detail ansieht, ist eine Begrenzung der Erderwärmung auf unter 1,5 Grad immer noch nicht plausibel“, sagt CLICCS-Sprecherin Anita Engels.[17] Und vielleicht ermüdet auch deshalb die dauernde Überstrahlung des Angstszenarios. Zum einen wird zwar alles schlimm, zum anderen haben wir uns politisch bewegt – wenn auch aus aktivistischer Sicht zu wenig. Weil wieso vor etwas warnen, das man vielleicht eh schon weiß? Oder das einem egal ist? Oder wofür man keine Kapazität hat, um sich damit zu befassen, weil die nächste Woche gesichert werden muss.

Es ist die Ironie des Kapitalismus, dass die Gesellschaft inmitten des Status quo, dem Heute-Absichern des reinen Überlebens, in eine tiefere Krise rutscht, die unser jetziges Verständnis von Wohlstand noch einmal mehr erschüttern wird. Anders ausgedrückt: Der Kapitalismus wird der Vollendung des aktivistischen Ideals immer im Weg stehen. Was nichts Schlechtes heißen muss. Genügend Unmut, um den Kapitalismus zu stürzen, gibt es ja doch nicht. Vielleicht kann dieses Wort aber auch einfach niemand mehr hören, nachdem alle darüber reden, wie bescheiden Kapitalismus ist und dann doch alle davon profitieren, weil Menschen eben weder selbstlos sind noch langfristig vorausdenken.

DIE BLASE FÜR ALLE, ALLE FÜR DIE BLASE

Vielleicht wäre Berlin bis 2030 klimaneutral geworden, wenn die Plakate auch für sozialen Wohnungsbau geworben hätten. Wenn Aktivisten in Plattenbauten gegangen wären und die Menschen dort informiert hätten. Mit Rentnern gesprochen hätten, die häufiger in der Innenstadt leben als die Jüngeren, die ja so viel Angst vor der Zukunft und auch vor dem demografischen Wandel haben, ihn aber nur dann als Argument herauskramen, wenn es um die Überbevölkerung geht. Und nicht, um auch Fünfzigjährigen zu sagen: In dreißig Jahren sind wir beide gefickt, du vor Hitze stöhnend im Altersheim, ich, während ich dich pflege. Die eigene Ignoranz verhindert die kollektive Unterstützung.

So bringen auch Klebeproteste leider wenig. Wie auch? Natürlich kann man entgegnen, dass die *Letzte Generation* mediale Präsenz hat. Sie ist überall. Erfolge lassen sich daraus aber nicht ableiten. Im Gegenteil. Bayern hält präventiv Aktivisten in Haft, Zustimmung gilt als extremistisch und dann setzen die Protestierenden über Twitter noch einen drauf: „#AbolishThePolice und dann? Abolition Democracy [sic!]! Unsere Demokratie ist ein Bestandteil des kapitalistischen Systems. Ein System, das auf Rassismus, Sexismus, (Neo)Kolonialismus und Ausbeutung aufgebaut ist." Dieser Tweet wurde mittlerweile gelöscht. Er sollte auf die Thesen von Angela Davis hinweisen, die ich durchaus zur Lektüre empfehle. Horizonte, Perspektiven verstehen und so. Das kann man selbstredend nur akademisiert so einordnen beziehungsweise ist es immer eine schwierige Idee, zu große Fässer aufzumachen, besonders für die eigentlich richtige Aussage: Klimakampf geht nur intersektional, und das Problem sitzt manchmal auch im System. So debattiert man eben wieder über das Demokratieverständnis. Und auch das Löschen und Korrigieren des Tweets lässt sich gut in das festgefahrene Bild der Klimaprotest-Gegner einreihen. Dieser bereits festgelegte Gegner, der ignorante meist männliche Klimaleugner oder -ignorierer, kann sich ebenso an Klischees bedienen wie jene, die ihm dieses Stereotyp zuweisen.

Protest in seiner desolaten Ablehnung der nicht grünen Mitte der Gesellschaft hat seinen neuen

Höhepunkt mit der *Letzten Generation* gefunden. Sich in der eigenen Blase selbst beweihräuchernd dachte man 2021 noch, dass Aktionen von *Ende Gelände* der Gipfel des zivilen Ungehorsams seien, Besetzungen von Bäumen im Hambacher Forst, die eigentlich eher für das Befüllen des Feuilletons sorgten als für gesellschaftliche Veränderungen. Die Grünen haben den Hambacher Forst mitverkauft – und dann Lützerath. Das bürgerliche Milieu ist protestantisch ergrünt. Genau dort setzt die *Letzte Generation* an. Es reicht ihr nicht, es passiert nichts, und „anständiger" Klimaprotest wie von *Fridays for Future* befeuert die „Klima-Angst". Im Kollektiv, also in der gesamten Gesellschaft, die fernab jeglicher Internetdebatten konsumiert und bewertet, kommt diese Trennung gesellschaftlicher Mehrheiten, kommt die Debatte nicht an.

DER GIPFEL DER ZIELLOSIGKEIT

Dieser Essay versteht sich durchaus als lösungsorientiert, obwohl ich mich an Blasendebatten abgearbeitet habe. Die Wirksamkeit des Protests erschließt sich mir in dem Moment des Sich-angegriffen-Fühlens. Daher beschäftige ich mich eher mit den Debatten als mit der großen Metaebene, die der Protest innehat. Die ironische Pointe ist aber, dass in dem Aufdröseln der Nischendebatten die Lösung des Gesamtproblems liegt.

Der Klimaprotest – ganzheitlich, in all seinen Organisationen und Farben – verfehlt seine Ziele, obwohl er eine große Reichweite hat. Es reicht nicht, Twitter zu haben und ab und an zu provozieren – denn dann diskutieren Leute wieder über alles Mögliche außer über die Klimakrise. Und wenn jemand schreit: „Damit treffen Sie einen Nerv!“, dann würde ich gerne Robert Habeck zitieren, der im Sommer einer Sprecherin der *Letzten Generation* vorwarf, dass sie 90 Prozent der Leute vergraulen würden.[18] Sie sind, ob es einen ärgert oder nicht, ja trotzdem in der Bringschuld für ihr Thema.

Auch wenn es die vermeintlich moralisch Überlegenen in ihrem Bild bestätigt, dass der Mensch ignorant ist: Die Welt geht ja trotzdem unter, während man recht hat, Protestierende sind sich der knappen Zeit durchaus bewusst, und sie haben bis jetzt zu wenige mobilisiert. Der zivile Widerstand hat neue Probleme eröffnet und das politische, legislative und gesellschaftliche Machtgefälle, gegen das man mit ihm ja eigentlich vorgehen möchte, erneut reproduziert. Das ist die Krux mit dem Klimaaktivismus.

Große soziale Bewegungen, die das Allgemeinwohl verbessern wollten – von Marx über die 68er, die ein nicht entnazifiziertes, elitäres System ins Wanken brachten –, waren sich ihrer Mittel eventuell auch nicht bewusst, aber hinter ihnen stand keine tickende Uhr. Sie waren nicht darauf angewiesen, dass alle sofort mitgenommen werden. Die Aktionswochen, die Attacke auf verglaste Bilder in Museen, die Blockade von Flughäfen oder Straßen – all das dient auch dazu, potenzielle Empfänger der Botschaft zu mobilisieren. Im Grunde genommen wollen die Aktivisten zusammen mit der gesamten Menschheit die Katastrophe aufhalten. Vielleicht sind *Fridays for Future* und die sehr mühselige verbale Arbeit mit den Verantwortlichen für *die Letzte Generation* zu wenig, aber am Ende macht man mit den Aktionen nur eines: sich selbst moralisch beweihräuchern, als wäre es dann das Problem der anderen, wenn sie alles weiterhin ignorieren. Ich bin ehrlich: Wenn es ums reine Rechthaben geht, liegen sie sicherlich richtig. Und jetzt?

Protest bietet ein Identifikationsangebot für diverse Machtlose, Marginalisierte oder Unterprivilegierte und bündelt die Kraft der außerparlamentarischen Opposition. Das zu erreichen, ist der feuchte Traum der Arbeiterbewegung. Aber linker Protest ist vorwiegend akademisch oder weiß und privilegiert. Er spricht auch keine Arbeiter an. Womit auch? Wieso sollten in einer Gesellschaft, in der wir immer wieder über die strukturelle Herabwürdigung von armen Menschen sprechen, jene mobilisiert werden, die es betrifft? Ein nicht verwendeter Tagebau von RWE oder ein nicht in Betrieb genommenes Kohlekraftwert sind keine attraktiven Angebote für den Einzelnen, den man abholen will. Die Gefahr ist so scharf und klar, dass es fast wieder ironisch ist, dass Gruppierungen, die sich bei den Fakten sehen, daran verblenden: Die Lust am eigenen Rechthaben, dem eigenen Zynismus oder der inhaltlichen Deutungshoheit zerfickt die eigene Anziehungskraft. Und reißt alle mit in den Abgrund, denn im Kollektiv unterscheidet keiner zwischen grün, links, radikal und gemäßigt. Es ist dann die Drohung von der anderen Seite, vor der einen großen Verbotskultur, über die man sich süffisant lustig machen und deren Gegner man als moralisch unterlegen abstempeln kann. Und so fatal die Vermischung für die Klimaaktivisten auf der einen Seite sein mag, so macht es andere demokratiefeindliche Proteste bedeutend gefährlicher für unsere Gesellschaft.

Bevor Sie sich meine abschließende Debatte antun, werde ich eine weitere, akute und drohende Protestwelle mitnehmen. Ebenfalls von Menschen, die den Medien keine Objektivität zutrauen, den Querdenkern. (Und es kommt kein Hufeisen, schließen Sie ihre Twitter-App wieder, sparen Sie sich den CO_2-Ausstoß ihres Internetverbrauchs.)

QUER DENKENDE

Die Annahme, dass Nischenproteste niemals die Deutungshoheit gewinnen können, ist falsch. Anders gesagt: Nazis gelingt es leichter, das System ins Wanken zu bringen als idealistischen Demokraten. Weil ihre Verankerung im mager entnazifizierten Nachkriegsdeutschland bis heute Spuren hinterlassen hat. Und das gekonnte Ignorieren der Rechten, die Waffen daheim lagern oder wissentlich im Verfassungsschutz arbeiten oder ihn gar mal führten, hat ihnen genügend Zeit gegeben, um sich in wichtigen Knotenpunkten der Gesellschaft einzunisten. Damit sind sie in einer mächtigen Position. Die durch reines Benennen nicht ungefährlicher wird. Ganz spannend wird es aber, wenn sich politisch Verstoßene oder Nichtgehörte mit ihnen zusammentun, selbst wenn sie das gar nicht wollten.

WENN AUS DER MITTE UND LINKS PLÖTZLICH RECHTS …

Proteste werden oft in links oder rechts unterteilt, weil sie meistens von Menschen vertreten werden, die mit ihrer Meinung eine Minderheit darstellen. Ich möchte hier gar nicht über Nazis sprechen, die wird es auch in demokratischen Systemen immer geben, Rehabilitationen zur Demokratie hin oder her. Es geht vor allem um die Menschen, die so anfällig für das demokratische Aus sind, nur weil die restliche Gesellschaft sich ihrer wenig annimmt oder glaubt, die Missverstandenen hätten die Bringschuld. Wie fatal diese Ignoranz war, hat uns Corona gezeigt: In der Krise ist dann keine Zeit mehr für Nuancen. (Vielleicht auch ein guter Vorgeschmack darauf, was akute Krisen durch Erderwärmung gesellschaftlich bewegen können.) Die Corona-Demonstrationen haben Mütter, Ärzte, Identitäre, Reichsbürger, Impfkritiker (auch jene, die sich sonst mal als links bezeichnet hatten) und viele mehr zusammengebracht. Die Großdemonstrationen wurden zunächst durch „Querdenken“ ins Leben gerufen – der fast mafiösen Hintergrundgeschichte[19] bedarf es hier nicht. Sie haben mittels Kritik an der Bundesregierung all diese Menschen zunächst zusammengeführt. Auch die AfD oder andere rechte, kleine Parteien und Organisationen riefen dazu auf, diese Demonstrationen zu besuchen. Das Nicht-Einhalten von Corona-Regeln war hierbei ein Akt des zivilen Ungehorsams. Durch die andere, politisch mehrheitlich einvernehmliche Seite, die von Anfang an mit Kritik an den Maßnahmen mehr als zurückhaltend war, gab es fast keine Differenzierung. Zu schnell prägte sich „Merkel-Diktatur" als Schlagwort der Demokratieabneigung aller ins Gehirn. Alles war sofort eine Gefahr, und das führte zu Angstreflexen, denn dass Querdenkende und all ihre Mitläufer Deutungshoheit gewinnen könnten, war von Anfang an klar. Offen rechtsextreme Gruppen bildeten zu Beginn eigentlich eine Minderheit bei diesen Veranstaltungen, aber „rechts" brüllen hilft oft, um im Diskurs niemals aus Versehen selbst als problematisch gelabelt zu werden.

Relativ bald beobachtete der Verfassungsschutz Teile der Bewegung aufgrund der rechtsextremen Mitwirkung. Die anfängliche Forderung blieb bestehen: Ende der Einschränkungen von Grundrechten. Die Bewegung begann sich immer weiter zu radikalisieren. Hildmann, AfD-Bundestagsabgeordnete, Ken Jebsen. Und dann noch ein Schlagerstar. Das Narrativ der intellektuell unterlegenen, rechten Blase wurde mit Michael Wendler – dessen Songs vorher schon scheiße waren – besiegelt. Das durchaus politisch unkorrekte Vorurteil, hier handle es sich um einfache Menschen ohne Sinn im Leben, die ihrer weißen Sozialisierung unterlegen sind, wurde sofort widerlegt – und die Übermoralisierung nahm überhand.

Mütter sind keine Nazis, Linke auch nicht, aber die Reichsbürgerflaggen stören sie eben nicht. Eine schnelle Kategorisierung in den Medien: Gefahr für die Demokratie. Ab diesem Zeitpunkt folgten fortlaufend eingeübte Berichte über die anderen Nazis, die sonst halt für Nazi-Gründe auf die Straße gehen. Dann stürmten Demonstranten den Reichstag. Hineingekommen sind sie durch ihre Wucht, über 300 Menschen drängten Polizisten beiseite und verschafften sich Zugang. Dafür, dass wir uns in politischer Sicherheit wähnen, ist das mehr als bedrohlich. Und anders als die Klimaproteste ist es gefährlich, weil in diesem Falle wenige Menschen vieles ins Wanken bringen und ironischerweise die Deutungshoheit für sich beanspruchen, obwohl es eigentlich nicht in ihrem Sinne ist. Denn es geht darum, genug politischen Druck auszuüben, unterschwellig Macht zu besitzen, um noch gefährlicher zu sein für jene, die man hasst. Also trotzdem ein Gewinn.

... UND VERDRÄNGTES ZUM VORSCHEIN KOMMT

Die Probleme, um die man sich nicht kümmert, kommen immer irgendwann hoch. Das ist kein politisches Geheimnis, sondern eine Eigenschaft des Menschen in der Gesellschaft: Ist es nicht akut, verdränge ich es, es gibt Wichtigeres zu tun. Die Proteste gegen die „Merkel-Diktatur“ und der Glaube, die Politik mache, was sie wolle und Politiker seien korrupte, selbstbezogene Karrieristen – diese Narrative funktionieren, wenn man sich nur um die „vermeintliche“ Mitte der Gesellschaft kümmert. Also um die Blasen, die schlicht nicht die Mehrheitsgesellschaft darstellen. Was die etablierten Parteien auch vornehmlich tun. Sie schaffen es genauso wenig, Nichtwählende für sich zu gewinnen, obwohl es so viel Potenzial gibt. Die Hauptstadtpresse befasst sich, inklusive mir, natürlich eher mit der Identifikationsfrage der FDP, weil man ebenso die an den Status quo gebundene politische Stabilität gewohnt ist. Die naivste aller Analysen wäre jetzt: Wieso funktionieren die großen Protestmassen politisch nicht so wie Querdenker, die die Debatte dominiert haben? Weil

Gesellschaften – wie wir einzelnen auch – erst in Krisen handeln.

Eine nicht repräsentative Umfrage aus dem Jahr 2020 erklärt es ganz gut: Eine Gruppe von Wissenschaftlern, unter ihnen Oliver Nachtwey, sandte Fragebögen an Telegram-Gruppen von Querdenkern und werteten die Daten von rund 1.150 Teilnehmern aus. Das Ergebnis: Entfremdung vom etablierten politischen und medialen System. Sowohl von links wie von rechts. Im Durchschnitt waren sie 47 Jahre alt, ein Drittel mit Abitur und mehr selbstständig Beschäftigte als im Bundesdurchschnitt. Über 20 Prozent wählten die Grünen, 18 Prozent die Linke, 15 Prozent die AfD. Auf die Frage, welche Partei sie bei der Bundestagswahl 2021 wählen wollen, gaben 27 Prozent die AfD und 1 Prozent die Grünen an. Fast alle, rund 95 Prozent dachten, dass die Medien die Protestbewegung falsch darstellten – 70 Prozent stimmten der Aussage zu, dass Masken Kindesmissbrauch seien. Rund die Hälfte sahen Politiker als Marionetten an. Aber nur 10 Prozent leugneten den Klimawandel, 41 Prozent vertrauten ihren Gefühlen mehr als Institutionen.[20] Ein Mischmasch aus nicht abgeholten Leuten.

Nebenbei wächst die Gewaltbereitschaft Linker und Rechter, aber nicht hufeisenförmig, und die Politik lenkt nur allzu gern den Fokus auf kleinere Probleme. Rechtsextremismus aufzuarbeiten bedarf nämlich eines größeren Aufwands und es müssen mehr Hebel in Bewegung gesetzt werden als bei der Warnung vor Steine werfenden Linken. Ich vertrete keine Hufeisen-Theorie und empfinde radikale, gewaltbereite Linke nicht als gleichwertig mit Rechtsextremen, die den Holocaust leugnen, Ausländer als minderwertig betrachten oder systematisch Flüchtlingsheime anzünden. Aber: Mit für die Mehrheitsgesellschaft nicht akut brennenden Problemen mag sich halt niemand so recht befassen.

Wir verdrängen als Gesellschaft, in der Politik oder der Bewertung der Polizei oder des Bildungssystems, die Alltäglichkeit des demokratiefeindlichen Denkens. Man hebelt Probleme wie die Klimakrise nicht präventiv aus, sondern wartet auf Ausbrüche, im vollen Bewusstsein der überwältigenden

Gefahr. Das ist eine Play-Pretend-Demokratie, bei der für die grundlegenden Probleme Aktivismus mit pastellfarbenen Instagram-Posts betrieben wird, die links aktivistisch angehaucht sind. Im Kopf, in der Filterblase. Deswegen ist der Reflex der Ablehnung oder des Verklärens auch so beliebt – und so verständlich.

Die Muße, den Verfassungsschutz zu entnazifizieren, bringt niemand auf. Die unterschwellige Toleranz für den Hang nach rechts ist eine Petrischale, die wir selbst zur Verfügung stellen. Die meisten betrifft es ja nicht, und Marginalisierte besitzen sowieso keine Deutungshoheit. Dementsprechend groß ist auch die Überraschung nach Vorfällen. Ob es jetzt ein offensichtlich antidemokratischer, rechter Verfassungsschutzpräsident ist, AfDler, die im Bundestag sitzen, oder Reichsbürger mit Pro-Atom-Müttern, die an Chemtrails glauben und gleichzeitig als staatliche Erzieherinnen arbeiten. Diese Gesellschaft hat keine plötzlichen, demokratiefeindlichen Ausbrüche. Sie schweigt sie weg. Auch wenn es einem nicht passt, das ist der realistische, demokratische Grund, auf dem wir stehen, weil Marginalisierte hier wenige Chancen haben, Erfolge durch Protest zu erzielen. Und so entstehen Corona-Proteste, bei denen sich Linke mit Rechten zusammentun, sie sind alle Putinversteher, geben Interviews und nicken einander zu, wenn zwischendurch ein kleiner Vulkan eruptiert.

Viele sind sich nicht einmal bewusst, dass sie über Deutungshoheit verfügen. Sie glauben, dass sie einem autoritären System ausgeliefert sind, anstatt an ihrer eigenen Bedeutung und Wirksamkeit zu arbeiten.

Rechte Kräfte nutzen weiterhin jede Plattform, und sie bleiben. Sie bleiben gefährlich und sind selbst in geringer Zahl fähig, unsere Debatten zu bestimmen. Denn Deutungshoheit, und das ist wichtig, hat nicht immer was mit Mehrheiten zu tun, sondern auch mit dem System und den Zugängen. Also brauchen Rechte, um Einfluss auf die Gesellschaft zu nehmen, sicherlich nicht so viele Menschen wie die *Letzte Generation,* benötigt, um die Leute aus den Autos in ihr Herz zu holen. Denn wer weiß schon, wer im System ein Reichsbürger ist, der deine Daten leakt, und welcher Polizist heimlich mit dem *Dritten Weg* marschiert.

Wir haben den Anschluss, den wichtigen, ans Zuhören verpasst, geformt von einer Gesellschaft, die sich immer zunächst mit eigener moralischer Rechthaberei schmeichelt. Und jetzt ist Protest das schönste Druckmittel für alle, die Unruhe in die Politik und die Debatte bringen wollen.

KRISE UND SYSTEM

Die Frage, wie weit die Vorgehensweise mancher Proteste mit der Demokratie vereinbar ist, lässt sich hier wieder aufgreifen. Sie lässt sich einfach beantworten: Die Corona-Demos sind jedenfalls eine Bedrohung für ebenjene Demokratie, von der sie sich mehr Beachtung wünschen, denn von extremistischen Kleingruppierungen dieser Proteste ging eine andere systematische Gefahr aus, als es bei Klimaprotesten (bis jetzt!) der Fall ist. Die Verstrickungen verschiedenster Protestgruppen während der Pandemie mit anderen Institutionen brachten u. a. Verfassungsfeinde beim Verfassungsschutz und der Polizei ins Spiel, während die Klimakämpfer bis jetzt keine staatsfeindlichen, intern verstrickten Machenschaften vorweisen können.

Die Querdenker-Demos sind somit ein gutes Beispiel dafür, was akute Krisen oder Missstände bewegen können und was passiert, wenn Massen beeinflusst werden. Wären die Proteste anders verlaufen, hätte man sie verstummen lassen können? Hätte man sich die Rechtsradikalisierung der Öko-Affinen sparen können, wenn man sich darauf eingelassen hätte? Dann hätten wir vielleicht irgendeine Intellektuelle innerhalb der Debatte, die den Osten versteht, mit der wir uns als meinungsvielfältig labeln könnten. Natürlich außerhalb der selbstreferenziellen Interviews mit Juli Zeh. Das geht gedanklich nur bis: Wieso versteht die deutsche, westdeutsch und weiß geprägte, intellektuelle Blase die armen Ostdeutschen nicht, und wieso erreichen sie damit auch noch andere? Ganz einfach: Es ist der postdemokratische Empörungsrundumschlag. Geschuldet der eher einheitlichen Parteienlandschaft, denn so sehr wir glauben, zwischen FDP und Grünen seien unüberbrückbare Gräben, so wenig wissen wir, welche gewaltigen Unterschiede es zwischen Parteien in anderen Demokratien gibt. Natürlich zofft sich die Ampel über Finanzen. Aber der verankerte Idealismus unserer gewählten Parteien neben der AfD und Teilen der Linken unterscheidet sich im Gegensatz zu unseren europäischen Nachbarländern nicht sehr. Deutschland ist sich demokratisch sehr einig, hier treten selten große politische Weltbilder gegeneinander an. Nur weil die SPD für den Mindestlohn ist, den die FDP sicherlich moralisch nicht verwerflich findet, aber finanziell nicht priorisiert, kann man keinen großen Disput finden. Deswegen geht es im Wahlkampf auch öfters um die Frage nach den Trauzeugen oder darum, was Politiker zu essen wagen, anstatt um Themen wie den Mindestlohn.

Die Wut auf ein einheitliches System, der autoritäre Blick auf die Gesellschaft, hat alle zusammengebracht. Man hat nämlich durchaus ein Anrecht auf ein anderes Weltbild. Für Demokratien ist es natürlich blöd, wenn sich Verfassungsfeinde mit vermeintlichen Demokraten kurzschließen können. Die Corona-Maßnahmen waren im Prinzip nur ein Vorgeschmack auf das, was passiert, wenn Demokratie unter Krisen-Zugzwang steht. Die Debatte über Reichsbürger und die fehlende Abgrenzung hat sicher die Zugänge zu den Demonstrierenden erschwert.

Einerseits wurden die Demonstrierenden in ihrem Weltbild bestärkt, das nur so ein bisschen anders war, und andererseits hat sich das Bild des stillschweigenden, sich im Recht wähnenden Mainstreams verfestigt. Dabei hat der Mainstream Angst, denn er weiß um seine kollektive Aufgabe, die Demokratie zu unterstützen. Bei Querdenkern und Corona-Maßnahmen kommen wie bei der Klimakrise viele Dinge zusammen. Wobei wir letztlich hier landen: Protest hat Risiken und Nebenwirkungen, weil Kapitalismus, Erwartungshorizont und die Vorstellung, es gäbe etwas, das alle wollen und das für alle gut ist, eben nicht so einfach funktionieren. Und genau wegen dieser Ambivalenzen der Demokratie bleibt Protest so unentbehrlich. Aber dieser Gedanke muss erstmal wieder in die Debatte, ohne Links-Rechts-Bias.

STELL DIR VOR, ES IST WELTUNTERGANG UND KEINER KOMMT HIN

Protest als großes „Fick dich!“ ist das wichtigste Kommunikationsmittel, das marginalisierte Gruppen besitzen, um in der Demokratie demokratische Forderungen kundzutun. Es ist die Aufgabe des Protests, darauf hinzuweisen, dass eine bestimmte Personengruppe etwas belastet oder fickt. Wie zum Beispiel das Klima. Und zugleich ist der Protest ein gefährliches Mittel, weil die Feinde der Demokratie ihn ebenso nutzen können und per se nicht auf Mehrheiten angewiesen sind, sondern nur die (mediale) Aufmerksamkeit brauchen. Es gibt dabei zwei Arten von „Fick dich!“. Die eine, die kurz fickt. Sie fußt auf unserer Selbstgenügsamkeit, sodass sich das – nach Instagram-Posts und selbstgefälliger Empörung – schnell wieder abschütteln lässt. Und die andere, die uns durch den Fick verändert. Zum Beispiel ändert dabei entweder die Gesellschaft etwas oder die Klimakrise tut das auf irreparable Art und Weise. (Für letzteren Fick muss man arbeiten. Keine Ahnung, ob Sie oder ich das machen. Ich wollte es nur mal gesagt haben.)

Krisen bleiben zwar ein Garant für Veränderungen, wir können aber nicht allem gleichzeitig unsere Aufmerksamkeit schenken. Wie bitter das ist, hat der Angriffskrieg auf die Ukraine gezeigt. Klimaaktivismus und das Abwägen von drängenden Themen traten (verständlicher Weise) in den Hintergrund. Ein drohender europäischer Krieg musste eher gelöst werden als die Frage nach der Kohlekraft. Das kurze Pausieren und die Solidarität bleiben unentbehrlich in Krisensituationen, da sie den Druck nehmen können. Dass Lützerath als Symbolkampf geführt wurde und das Einschalten weiterer Kohlekraftwerke mit der Begründung des Krieges für die Aktivisten nicht hinnehmbar war, ist ein anderes Thema – keines, das drei Tage nach Kriegsbeginn Raum eingenommen hat. Krisen addieren sich, weil wir uns nicht so um die Dinge kümmern, dass wir sie präventiv verhindern könnten. So auch das Erreichen des 1,5-Grad-Ziels. Es ist nahezu unmöglich. Wir diskutieren nur noch über Schadensbegrenzung, 1,9 Grad, vielleicht 2. Und das ist die Lehre des Klimaaktivismus: Es reicht anscheinend nicht. Protest bewegt nicht alles, ziviler Ungehorsam ebenso nicht. Das Beispiel der Klimaklebeaktionen zeigt es ganz profan: Die Deutungshoheit der Gegner, der Langsamen, der Ignoranten ist größer. In dem Moment, wo wir über die Gefahr von Linksextremismus diskutieren, wenn zwei Aktivisten Bilder mit Tomatensoße bewerfen, muss es deutlich zu erkennen sein: Das Darüber-Diskutieren ist am Ende selbstgefällig in der traurigsten Form, egal wie sehr man gerne verstehen will. Protest ist nicht statisch. Protest kann immer wieder neue Wege gehen, um sich zu erfinden, und er muss sich immer mit der Frage beschäftigen: Wen will ich erreichen?

KAMPF UM DIE ZIELGRUPPEN

Klammern wir undemokratischen Protest mal aus (also jenen, der Menschen verletzt oder Straftaten inkludiert, wie zum Beispiel der schwere Vandalismus, vielleicht auch der zu späte Krankenwagen durch Klebeprotest, die Fackel neben dem Flüchtlingsheim oder der auf den Präsidenten geworfene Schuh). Denn die Pointe des „Die Leute zum Mitmachen animieren“ ist im Folgenden enthalten: Protest, der sich für alle einsetzt, darf sich nicht gegen jene wenden, die man abzuholen versucht, sonst kann man entweder wütend sein über die Verblendung der Menschen oder ewig weiter vor Autofahrern jeglicher politischen Couleur sitzen, von denen einige vielleicht noch regelmäßig BILD lesen und sich von der Politik sowieso nicht abgeholt fühlen. Oder Menschen, die zu der Mittelschicht gehören und die das System, das sie selbst am meisten kritisieren, auf Händen trägt. Das ist natürlich sehr plakativ ausgedrückt, ich komme von Twitter und Online-Artikel-Kommentarspalten. Die Gefahr von vermeintlich für alle wohlwollendem Aktivismus ist, dass dieses Wir nicht definiert ist und die Protestierenden gar keine Ahnung von diesem Wir haben können, da es viel zu komplex und ganzheitlich nie zu erfassen ist. Immerhin gibt es auch unter Aktivisten Arschlöcher oder Ignorante.

Die größte Zielgruppe wurde nie erreicht: Jene, für die man nicht elitär Gemälde verschmieren, sondern wahrscheinlich zunächst seinen eigenen Protest infrage stellen könnte. Akademischer, vornehmlich weißer Klimaaktivismus spricht nämlich immer nur Gleichartige an. In Wahrheit bräuchte es aber vor allem Klassenkampf oder Sozialpolitik. Dann könnte man nämlich diese Mehrheit generieren. Es ist simpel, aber auch die von Klimaangst erfüllte junge Generation ist – genauso wie die Menschen, die diese Erkenntnis eventuell noch nicht erreicht hat – Opfer des Kapitalismus und all dieser Dinge.

Die kapitalistische Aufstiegssozialisierung abzulegen, ist und bleibt ein Privileg. Das ist natürlich ein nerviger Begriff, weil er in einer langen Kette von unaufhaltbaren Whataboutisms Moral und Richtigkeit verteilt. Aber auch das gehört dazu. Wie die Menschen, die das alles nicht interessiert oder die glauben, dass sowieso nichts zu ändern ist, die vielleicht nur in die nächsten drei Jahre reinleben. Was danach ist, juckt sie nicht. Die Generation „Klarna auf Raten", die ermüdeten Millennials, die erschöpften Boomer. Sie alle teilen sich den Weltschmerz, das Menschsein, den Egoismus, der nicht immer dem Wunsch nach Nettigkeit gerecht wird. Es sind Menschen, die für 800 Euro auf Shein Kleidung kaufen, für die das Sammeln von Tüten von Fast-Fashion-Marken früher Status bedeutete oder die sich irgendwann mal Urlaub leisten und auf Flüge und ihre Emissionen scheißen. Im Einzelnen macht das wenig, aber im Kollektiv ist es diese große, scheinbar ignorante und moralisch falsche Blase der Gesellschaft. Ich wiederhole mich gerne: Das (der Blase nach gemessen) vermeintlich vernünftige Kollektiv existiert in dieser Form nicht, sonst würden Sie das nicht lesen müssen und der Kohleausstieg für 2030 wäre beschlossen.

Ich bin im engsten Sinne Fan der Erkenntnis, dass Realpolitik zwar nervig sein kann, aber nun mal da ist, und da gehts im Schnitt in einer von Krisen durchseuchten Gesellschaft nicht immer um die richtige Richtigkeit für alle. Argumente gegen Emotionen, nicht Fakten, braucht es ebenso, das gefühlvolle, überlegte Spiel. Mit dem richtigen Maß an Empathie aufeinander zugehen und Zielgruppen-Erschließung sind Wege, um im Kapitalismus gegen den Kapitalismus zu agieren. Dafür muss man sich auf die vorhandenen Gefühle einlassen – und die findet man überall.

Als Privilegierte, arm Aufgewachsene und aufstiegsorientiert Sozialisierte fällt es mir auch schwer, die eigene Ignoranz zu benennen. Das ist keine Entschuldigung. Die Möglichkeit, diesen Status, der einem immer vorenthalten wurde, endlich zu bekommen, war für die Generationen vor meiner nicht vorhanden. Prinzipiell waren einige Dinge in der Blütezeit des Kapitalismus und der weniger drohenden Klimakrise einfacher.

DIE KOMPLEXITÄT DURCHBLICKEN

Die mühseligste aller Fragen lautet: Will ich wissen, wieso Leute so ignorant sind? Und wenn ja, kann ich es ändern? Eines ist sicher: Nein, bei einigen nicht. Einige sind ignorant, und das möchte ich mit einem Zitat von Fran Lebowitz krönen: „Mich interessiert grundsätzlich nicht, was andere Leute tun."[21] Wenn ich jetzt Inlandsflüge buche, werde ich in kürzester Zeit davon gefickt werden. Vielleicht hasse ich mich dafür, aber dann ist es eben zu spät. Ich glaube, in all seiner selbstreferenziellen und privilegierten Art trifft Weltschmerz, besonders auf psychischer Ebene, einen wichtigen Punkt, den wir nicht vergessen dürfen. Es gibt eine Szene in *Fleabag* (einer Serie, die Sie gesehen haben sollten, egal wer Sie sind, und egal ob Sie Priester-Daddy-Issues haben oder nicht), darin sagt die Protagonistin:

"I want someone to tell me what to eat, what to like, what to hate, what to rage about, what to listen to, what band to like, what to buy tickets for, what to joke about, what not to joke about, I want someone to tell me what to believe in, who to vote for and who to love. I just think I want someone to tell me, how to live my life, father, because so far I think I've been getting it wrong. And I know, that's why people want people like you in their lives. Because you just tell them how to do it. […] Even though I don't believe your bullshit, and know that scientifically nothing I do makes any difference in the end anyway."[22]

Das Menschsein beschränkt sich nicht nur auf die Besinnung der kollektiven Vernunft. Es ist die Unvernunft, die am produktivsten sein kann. Damit Protest wirklich etwas bewirken und verändern kann, muss seine selbstgefällige, nischenorientierte Form (beispielsweise das Bewerfen von Bildern) vermieden werden. Sie bedient sich provokant kontroverser Methoden, und das spaltet Gesellschaften. Im Hier und Jetzt ist der Status quo des Protests in keiner guten Verfassung. Das ist auch eine Nebenwirkung von Protest, er zersetzt sich selbst in der Außenwahrnehmung, weil er oft kein guter Kapitalist ist. Aber: Selbstvermarktung *is key, Baby*, das gilt auch, wenn man dagegen ist. Klimaaktivisten, so wie viele andere Aktivisten, die für vermeintlich linke Themen einstehen, brauchen mehr als Aufmerksamkeit. Das mediale Echo bringt ihnen – mit Blick auf die Uhr – nicht zwingend etwas. Vor allem bedarf es nicht dieser grundlegend ermüdenden Debatte darüber, ob Leute zu wenig oder das Falsche tun.

Es braucht eine Klima-Union, über die man sich medial nicht mokiert, weil wir ja wissen, worüber man dann wieder nicht spricht: die Klimakrise. Und ja, der Einwand, dass es sicherlich einigen CDUlern kein Herzensthema ist, ist berechtigt. Je weniger man Klima mit politischen Richtungen zusammen denkt, umso eher wird man die Einteilung in Wir und Ihr und die Nischendiskussionen los. Ist doch super, wenn sich Konservative trauen, ihren Wählern das zuzumuten – wenn auch etwas langsamer. Und Horst Seehofer hätte nie Bäume umarmt. Markus Söder schon. Vielleicht begreifen Protestgenervte dann Bäume wieder sachlich und einfach als lebenserhaltend – für alle. Den Klimawandel leugnende Konservative wären unser Unglück gewesen, aber die gab es noch nicht massenhaft.

Protest ist ein unentbehrlicher Bestandteil der sich weiterentwickelnden, sich immer wieder verändernden Demokratie. Er stößt Gedanken an, wenn auch nicht stets im Sinne seiner Intention. Er hält in Bewegung. Menschen, die Dinge bewegen wollen, können nicht nur an die Überlegenheit der Moral denken oder glauben. Das wäre nicht nur naiv, sondern selbstbegrenzend. Der Klimaprotest mag vielleicht durch Angst getrieben sein, die sich hilflos, verärgert, verloren anfühlt. Aber Angst macht eben auch blind und manchmal irrational.

Protest für Dinge, bei denen die Uhr abläuft, hat wenig Platz für moralische Nuancen. Und auch wenn einige denken oder wissen, dass eine von der Klimakrise gebeutelte Welt erst recht die Demokratie zerstört (eher noch als irgendwelche Sitzblockaden in Berlin Wedding), dann haben sie vielleicht recht, aber davon kann man sich trotzdem kein klimaneutrales Gesetz auf Bundesebene kaufen, weil auch diese Dinge nicht rational laufen, genauso wenig wie der Generationenkonflikt, auf den man alle Tage wieder verweist. *For Christ's sake*, wie entmenschlichend ist die Annahme, Fünfzigjährigen wäre die Zukunft egal. Diese Leute können 102 werden. Dann brennt Brandenburg ordentlich und ihr Haus vielleicht auch. Diese schwarz-weiße Darstellung mag auf berechtigtem, wütendem Grund stehen, ist aber so unnütz. Protest kann das besser. Man kann sich auch neben die ignoranten, entkoffeinierten Cortado-Trinker setzen und mal kurz zeigen, was bei ihnen bald in Brand stehen wird. Und nicht jeder wird heulen, weil er seinen Kindern den Klimawandel antut. Und einige suchen seit Monaten eine neue Wohnung, eine gut bezahlte Arbeit. Wen soll die Zukunft schon jucken? Mitnehmen, das ist und bleibt das Stichwort. Und zuletzt: Kollektive Anliegen können nicht politisch gefärbt sein. Klimaaktivismus ist nicht links. Arbeiterbewegung ist nicht links. Kämpfen für Diskriminierte darf nicht links sein. Der Nische muss man sich in dringenden Fällen wohl entledigen. Es ist dieses Alles-Mitdenken und nicht der schnelle Wurf, von dem Aktivisten dann in drei Tweets schreiben, die dann ihre Blase liest und nickt, denn auch sie twittert wieder dasselbe.

Das hier ist nur ein weiterer selbstreferenzieller Essay, der ähnlich wie *Fleabag* (fuck, wie gern wollte ich das mal in einem Text schreiben) von einer Autorin stammt, die sicherlich auch irgendwelche Ängste in ihrer akademisierten Sprache mehr oder minder gut versteckt hat. Das ist keine Lösung, das ist die Debatte *in between*. Möglicherweise finden Sie es scheiße, egoistisch, *wannabe different* oder politisch feuilletonistisch, aber Protest hat definitiv mehr zu bieten als symbolische Mittelklassenkämpfe oder Steigbügelhalterschaft für Nazis. Wer verändern will, muss sich über seine eigene Position im Klaren sein. Das erfordert sowohl eine ehrliche Selbstreflexion über die eigenen Schwächen als auch den anstrengenden Kampfgeist, der mit dem Wunsch einhergeht, alles zu retten oder zu verbessern. Sonst ist Weltuntergang, und niemand ist dabei.

DANKSAGUNG

Vielen Dank an Susann Brückner und den Leykam Verlag. Danke an meine großartige Agentur Barbarella und Lena Ropertz. Vielen Dank an meinen Lektor David Hoffmann, der diesen Text begleitet hat. Ich danke meinem Mann fürs Motivieren, Alicem Polat, Eva Roßbach, Nour Khelifi, Britt-Marie Lakämper und Luisa Thomé fürs Begleiten, und meinem Bruder, meinen Eltern für die Unterstützung. Außerdem allen, die den Prozess auf der Metaebene begleitet und gefördert haben.

QUELLEN UND ANMERKUNGEN

[1] Die Autorin verwendet das generische Maskulinum in ihren Texten.

[2] Hofbauer, Susann: „Die diskursive Konstruktion des „Lehrerwissens“ zwischen Disziplin und Profession: Eine vergleichende Diskursanalyse“, online unter: https://www.google.de/books/edition/Die_diskursive_Konstruktion_des_Lehrerwi/9YSFDwAAQBAJ?hl=de&gbpv=1&dq=%E2%80%9EEs+herrscht+zweifellos+in+unserer+Gesellschaft+(%E2%80%A6)+eine+stumme+Angst+vor+jenen+Ereignissen,+vor+jener+-Masse+von+gesagten+Dingen,+vor+dem+Auftauchen+all+-jener+Aussagen,+vor+allem,+was+es+da+Gewaltt%C3%A-4tiges,+Pl%C3%B6tzliches,+K%C3%A4mpferisches,+Ordnungsloses+un&pg=PA75&printsec=frontcover

[3] Die Definition von Framing wäre: der oft „bewusst gesteuerte Prozess einer Einbettung von Ereignissen und Themen in […] ein Erzählmuster.“ [https://de.wikipedia.org/wiki/Framing_(Sozialwissenschaften) (zuletzt aufgerufen am 31.05.2023)]. In unserer Debattenkultur besser beschrieben: Die manipulative Verwendung von Wörtern zur Unterstreichung der eigenen These, die bestimmte Konnotationen erzwingt und dementsprechend den Diskurs entneutralisiert.

[4] https://letztegeneration.de/ziviler-widerstand/ (zuletzt aufgerufen am 31.05.2023).

[5] Celikates, Robin: „Zwischen symbolischer Politik und realer Konfrontation“, in: analyse+kritik (ak) vom 20.1.2012, S. 27.

[6] M’Barek, Yasmine: „Vor der letzten Ratenzahlung geht die Welt unter“, online unter: https://www.zeit.de/green/2023-01/klima-pessimismus-haltung-klimakrise-klimapolitik-erderwaermung (zuletzt aufgerufen am 01.06.2023).

[7] https://de.wikipedia.org/wiki/Fridays_for_Future#Generelle_Ziele (zuletzt aufgerufen am 31.05.2023).

[8] „Der größte Klimastreik der Geschichte – und das war erst der Anfang!“, online unter: https://fridaysforfuture.de/ruckblick-allefuersklima1/ (zuletzt aufgerufen am 31.05.2023).

[9] „Kohlendioxid-Emissionen“, online unter: https://www.umweltbundesamt.de/daten/klima/treibhausgas-emissionen-in-deutschland/kohlendioxid-emissionen#kohlendioxid-emissionen-im-vergleich-zu-anderen-treibhausgasen (zuletzt aufgerufen am 31.05.2023).

[10] „Deutschlands Klimaziele für 2030 und 2040. ‚Weiter so!‘ reicht längst nicht mehr“, online unter: https://www.ardalpha.de/wissen/umwelt/klima/klimawandel/klimaschutz-deutschland-co2-treibhausgase-emissionen-100.html#:˜:text=Bis%202030%20sollen%20daf%C3%BCr%20insgesamt,Ziele%20wurden%20konkrete%20Ma%C3%9Fnahmen%20festgelegt. (zuletzt aufgerufen am 31.05.2023).

[11] Gehrke, Kerstin: „Unfall mit toter Radfahrerin in Berlin: Angeklagter gesteht Messerattacke auf Betonmischer-Fahrer“, online unter: https://www.tagesspiegel.de/berlin/unfall-mit-toter-radfahrerin-in-berlin-prozess-wegen-messerattacke-auf-betonmischer-fahrer-beginnt-9425822.html (zuletzt aufgerufen am 01.06.2023).

[12] Müller, Reinhard: „Klebende Klimaaktivisten, Die Verhöhnung von Demokratie und Rechtsstaat", online unter: https://www.faz.net/aktuell/politik/inland/letzte-generation-und-klimaaktivismus-die-groesste-gefahr-18432010.html (zuletzt aufgerufen am 01.06.2023).

[13] Vgl. bspw. Die Axiome von Paul Watzlawick, online unter: https://www.paulwatzlawick.de/axiome.html (zuletzt aufgerufen am 01.06.2023).

[14] „Fridays for Future: Kritik an Protesten der ‚Letzten Generation'", online unter: https://www.zdf.de/nachrichten/politik/klima-fridays-for-future-kritik-letzte-generation-100.html (zuletzt aufgerufen am 31.05.2023).

[15] https://twitter.com/BurkertEulitz/status/1640384790237966336 (zuletzt aufgerufen am 14.04.2023).

[16] „Umfrage zum Klimawandel. 86 Prozent sagen, der Mensch sei schuld", online unter: https://www.tagesschau.de/inland/deutschlandtrend/deutschlandtrend-1645.html (zuletzt aufgerufen am 31.05.2023).

[17] Kleindl, Reinhard: „Zwei Grad möglich. 1,5-Grad-Ziel nicht mehr plausibel: Der gesellschaftliche Wandel geht zu langsam", online unter: https://www.derstandard.de/story/2000143113969/1-5-grad-ziel-nicht-mehr-plausibel-der-gesellschaftliche-wandel (zuletzt aufgerufen am 19.06.2023).

[18] „Kritik vom Wirtschaftsminister. Habeck: Letzte Generation schadet Klimaschutz", online unter: https://www.zdf.de/nachrichten/politik/habeck-letzte-generation-kritik-100.html (zuletzt aufgerufen am 20.05.2023).

[19] Vgl. Dazu: Eckert, Svea / Leipertz, Sabine / Schmidt, Caroline: „Querdenker. Wie sich Menschen aus der Mitte radikalisieeren", online unter: https://story.ndr.de/querdenker/ (zuletzt aufgerufen am 01.06.2023).

[20] Alle Daten der Studie: https://de.wikipedia.org/wiki/Proteste_gegen_Schutzma%C3%9Fnahmen_zur_COVID-19-Pandemie_in_Deutschland#Soziometrie (zuletzt aufgerufen am 01.06.2023).

[21] Konrad, Lara: „Mich interessiert grundsätzlich nicht, was andere Leute tun", Interview mit Fran Lebowitz, online unter: https://www.zeit.de/kultur/literatur/2023-04/fran-lebowitz-schriftstellerin-new-york (zuletzt aufgerufen am 01.06.2023).

[22] http://www.ivanachubbuck.com/wp-content/uploads/2012/02/Fleabag-Season-2-Episode-4-Fleabag-Priest.pdf (zuletzt aufgerufen am 01.06.2023).

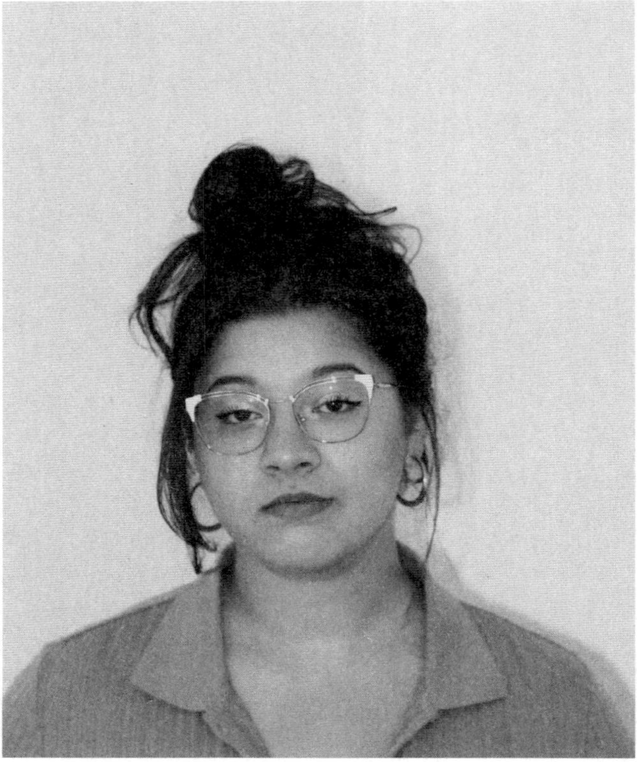

YASMINE M'BAREK
hat die Kölner Journalistenschule für Politik und Wirtschaft besucht und ist Redakteurin bei Zeit Online im Ressort X. 2020 wurde sie vom „Medium Magazin“ unter die „Top 30 unter 30“-Journalist*innen gewählt. Im März 2022 erschien „Radikale Kompromisse“ (Hoffmann & Campe). Yasmine ist regelmäßig in politischen TV-Talks zu Gast und hostet den ZEIT ONLINE Podcast „Ehrlich jetzt?“ Sie moderiert regelmäßig mit Markus Feldenkirchen den News-Podcast „Apokalypse und Filterkaffee“. Sie lebt in Köln und Berlin.

Umschlaggestaltung: Christine Fischer
Lektorat: David Hoffmann
Korrektorat: Alexandra Dostal
Layout: Gerhard Gauster
Gesamtherstellung: Leykam Buchverlag

Auch als E-Book erhältlich

www.leykamverlag.at
ISBN 978-3-7011-8305-0

Klimaneutral gedruckt